DAS
WELT
TAGE
BUCH

Inhalt

Vorwort

Kennen Sie das Gefühl? Sie glauben, Sie haben eine tolle Idee, aber alle anderen finden sie nicht ganz so brillant? Falls ja, willkommen im Klub!

Die Idee zu diesem Buch (Welttag des Buches, 23. April) ist fünf oder sechs Jahre alt und stammt von Julia Otterbach. Das erste Mal kam sie ihr an einem ihrer – unter Freunden und Bekannten berühmten – Lasagne-Abenden (Tag der Lasagne, 29. Juli) in den Sinn. Doch an diesen Julia-Otterbach-Lasagne-Abenden – und das sei unter dem Siegel der Verschwiegenheit (Tag der Stille, zweiter Mittwoch im September) erwähnt – kann es vorkommen, dass der Rotwein (Pinot-Noir-Tag, 18. August, oder auch Cabernet-Franc-Tag, 4. Dezember) in nicht enden wollenden Strömen fließt. Und einer dieser Pinot-Cabernet-Ströme riss auch die Idee zu diesem Buch wieder davon, wie ein Sommerabendwind (Welt-Wind-Tag, 15. Juni) ein Blatt vom Baum (Tag des Baumes, 25. April) weht. Ohne besonderen Grund.

Aber: Ein Baum hat bekanntlich viele schöne Blätter. Und irgendwann kam Julia die einstige Idee (Tausche-Ideen-aus-Tag, 10. September) wieder in den Sinn. Sie erzählte (Welttag des Geschichtenerzählens, 20. März) dem Autor (Tag der Autoren, 1. November) Alexandros Stefanidis von der Idee und beschloss, auf die Suche nach einem Verlag zu gehen, der den Mut hatte, aus der Idee ein Buch zu machen.

Mehrere Verlage antworteten nicht einmal, manche lehnten ohne besonderen Grund ab. Zwei oder drei, die sich doch zu einem persönlichen Gespräch (Tag der neuen Gespräche, 12. Juli) bereit erklärten, fanden den Ansatz zwar vielversprechend, aber sie wollten das »Risiko« nicht eingehen. Welches Risiko? So ganz genau haben wir es nie verstanden. Ein Programmchef sagte zum

Beispiel: »So ein Buch hat es noch nicht gegeben, also gibt es dafür auch keinen Markt.« Wir schauten einander an und dachten genau dasselbe, was Sie jetzt vielleicht denken (Tag des positiven Denkens, 13. September): »Von wegen.«

Okay, dieses Buch handelt nicht von einem auserwählten Zauberer (Tag der Zauberei, 31. Oktober) mit Brille und wird – aller Voraussicht nach – nicht weltweit 500 Millionen Mal verkauft und in 80 Sprachen übersetzt (Internationaler Tag des Übersetzens, 30. September) werden. Aber wir hoffen (Tag der Hoffnung, erster Mittwoch im April), dass zumindest Sie beim Lesen (Tag des Lesens, 2. März, oder auch Welttag des Lautvorlesens, 1. Februar) und Schmökern ebenso viel Spaß (Spaß-Tag, 1. April) haben wie wir beim Recherchieren, Schreiben (Ich-liebe-Schreiben-Tag, 15. November) und Machen des Buches.

An dieser Stelle würden wir drei Menschen gern noch einmal ausdrücklich danken: Ricardo Vizcaino, Katrin Trometer und Dirk Rumberg. Ricardo, ein exzellenter sowie feinfühliger Jungredakteur, hat uns enorm bei der Recherche der Welttage und zum Teil auch beim Texten unterstützt. Danke, Ricardo!

Katrin Trometer ist die Lektorin dieses Buches. Mit lässiger Geduld hat sie uns den Weg bis zur Abgabe des Manuskripts geebnet, unsere Fehler korrigiert und uns präzise die Richtung vorgegeben. Liebe Katrin, auch dir sagen wir herzlich: Danke schön! (Internationaler Dankeschön-Tag, 11. Januar).

Dirk Rumberg, Verlagsleiter von Benevento, sagen wir »Danke«, weil er – im Gegensatz zu manch anderem Verlagschef (kein Welttag, siehe oben) – sofort von der Idee begeistert war.

Manchmal braucht es Menschen, wie diese drei. Menschen, die ähnlich ticken und die Idee eines feucht-fröhlichen Lasagne-Abends in die Tat umsetzen (Benutze-deinen-gesunden-Menschenverstand-Tag, 4. November).

Julia Otterbach und Alexandros Stefanidis

Januar

1. Januar

Fest der Beschneidung des Herrn
Weltfriedensfest
Bloody-Mary-Tag
Verschenk-einen-Apfel-Tag
Tag des Buchstabens Z
Hot-Toddy-Tag (heißer Whiskey)
Tag des Eisbadens
Tag der Verpflichtung
Euro-Tag
Tag des Urheberrechts

2. Januar

Welttag der Introvertierten
Tag des Buffets
Motivations- und Inspirations-Tag
Science-Fiction-Tag
Katzen-Neujahr
Tag der Windbeutel
Tag des Tempolimits
Probier-etwas-Neues-aus-und-stell-es-auf-die-Probe-Tag
Waldmännchentag
Tag des Personal Trainers

Im Auftrag des Teufels

Puh, Januar! Draußen ist es kalt und dunkel. Weihnachten ist noch in wärmender Erinnerung. Vor allem der Braten, die Soße, die Plätzchen, die Schokolade. Mein Bauch ist Zeuge, er tritt über die Ufer. Zeit für ein bisschen Training, denke ich, um wieder, na ja, in Schwung zu kommen. Das Problem: In Fitnesscentern trifft man als Mann immer auf diese austrainierten Jungs mit ihren akzentuierten Oberarmen und dem Sixpack unterm Shirt. Jungs, die sich (auch im tiefsten Winter!) auf Insta gern mit Cocktails und »oben ohne« an der Strandbar zeigen und sich nicht vorstellen können, dass ein gestresster Großstadtköter wie ich seinen Sixpack an die Isar *trägt* und dort *austrinkt,* anstatt ihn zum Bräunen in die Sonne zu legen. Solche Typen feiern doch kein Weihnachten, denke ich! Die sitzen unterm Weihnachtsbaum und essen auch keine Schokolade. Die schlecken sich nicht die Finger nach Süßem. Nee, nee! Diese Jungs haben BMI-Rechner auf ihrem Smartphone installiert, damit sie stündlich ihren Body-Mass-Index messen können! Ja, verdammt! Diese Typen trainieren sogar an Heiligabend. Angeblich für den Fall, dass sie die Rentier-Kutsche mit reiner Muskelkraft aus dem Schlamm ziehen können. Wer's glaubt! Die zeigen doch auf den Weihnachtsmann und denken: »Gott, ist der fett!« Personal Trainer – davon bin ich überzeugt – hat der Teufel erschaffen, um uns Normalsterblichen vor Augen zu führen, dass Weihnachten nur was für Plätzchen-Waschlappen wie mich ist. Pah! Ich, ein Waschlappen?!? Denen zeig' ich's! Ab morgen geh ich ins Training!

3. Januar

Schokolierte-Kirschen-Tag
Tag des Strohhalms
Feiertag des Schlafens
Internationaler J.-R.-R.-Tolkien-Tag

4. Januar

Tag der Hypnose
Tag der Popmusik-Charts
Tag des Trivialwissens
Welt-Braille-Tag (Blindenschrift)
Tag der Mandarine

5. Januar

Tag der Schlagsahne
Vogel-Tag
Spaghetti-Tag
Tag der Drehbuchautoren

6. Januar

Tag des Kuschelns
Dreikönigstag
Tag des Apfelbaums
Shortbread-Tag (Gebäck)
Tag der Bohne
Bau-den-Christbaum-ab-Tag

7. Januar

Tempura(teig)-Tag
Tag der Fossilien und alten Steine
Tag der Harlem Globetrotters (Basketball)
Tag des Wackeldackels
Furz-Tag
Ich-mach-das-nicht-mehr-mit-Tag

Dreimal »Nein«, einmal »Ja«
Wir tun täglich sehr viele Dinge, die wir eigentlich nicht tun
wollen. Das fängt schon morgens an: Aufstehen, Zähneputzen,
Duschen, Anziehen, Aus-dem-Haus-und-zur-Arbeit-gehen. Wer
will das schon jeden Tag? Stichwort: Wär' ich nur im Bett geblieben! Und dann diese ganzen Familiengeschichten, die uns
den letzten Nerv rauben: etwa die Schwiegermutter, die sich
für die nächsten zwei Wochen angekündigt hat, oder das quen-
gelnde Kind, das jetzt auf der Stelle ein Eis haben will – und so

lange schreit und weint und bettelt, bis wir uns zu anderen genervten Eltern in die endlose Schlange vors Eis Cortina stellen, um noch mehr Zeit unseres Lebens mit Dingen zu verbringen, die wir eigentlich nicht machen wollten. Oder noch schlimmer: uns selbst ein Eis zu kaufen, obwohl wir seit Wochen auf Diät sind! Kurzum: Wir sollten öfter den Satz »Ich-mach-das-nicht-mehr-mit« sagen. Oder noch einfacher: »Nein!« – Nein, ich stehe heute nicht auf! Nein, ich ziehe mich heute nicht an! Nein, du kriegst heute kein Eis! Nein, das ist nett, dass du für zwei Wochen zu uns kommen willst, liebe Schwiegermama, aber hast du schon vergessen, dass wir uns nach zwei Minuten schon in die Haare kriegen? – Und sollten Sie zu den Leuten gehören, die nicht »Nein« sagen können, versuchen Sie's mit einem Einsteiger-Paket: Nach drei Mal »Nein« können Sie guten Gewissens auch mal wieder »Ja« sagen.

8. Januar

Tag des Schaumbads
Erdrotations-Tag
Tag des Argyle-Musters
Prahle-auf-der-Arbeit-Tag
Tag des Freudenkeims
Tag des English Toffee
Fest der Frauen in Griechenland (Yinekokratia)

9. Januar

Aprikosen-Tag
Tag des Gesetzesvollzugs
Tag der statischen Elektrizität
Spiel-Gott-Tag
Tag des Ballon-Aufsteigens

10. Januar

Reduziere-deine-Energiekosten-Tag
Tag der Zimmerpflanze
Tag der Zartbitterschokolade
Tag der Typen
Tag der Blockflöte
Rettet-die-Adler-Tag

11. Januar

Spring-in-eine-Pfütze-und-mach-deine-Freunde-nass-Tag
Lerne-deinen-Namen-im-Morsealphabet-Tag
Tag der Milch (USA)
Welttag visueller Notizen
Internationaler Dankeschön-Tag
Tag des deutschen Apfels

12. Januar

Marzipan-Tag
Hähnchen-Curry-Tag
Fest der wilden Kerle
Küsse-einen-Rotschopf-Tag
Tag des Apothekers (USA)

13. Januar

Tag der Gummiente
Aufkleber-Tag
Tag der Skeptiker
Pfirsich-Melba-Tag
Tag der öffentlichen Radiosender
Lass-deinen-Traum-in-Erfüllung-gehen-Tag

Fest des Hilarius von Poitiers (Bischof)
St.-Knut-Tag (Ende der skandinavischen Weihnachtszeit)

14. Januar

Zieh-dein-Haustier-an-Tag
Tag des heißen Pastrami-Sandwiches
Internationaler Drachen-Tag (Fluggerät)
Räum-zuhause-auf-Tag

Der Wahn um Kondo
Manche Menschen glauben ja, im Aufräumen läge eine spirituelle Kraft. Bestes Beispiel: der Wahn um Marie Kondo. Die 34-jährige Japanerin hat mit ihrer Aufräum-Methode mehr als zehn Millionen Bücher verkauft und wird verehrt wie ein Popstar. Ihr Nachname ist schon zum Verb mutiert: Im Englischen heißt »aufräumen« jetzt »to kondo«. Ihr Prinzip: Trenn dich von allem, was dich nicht glücklich macht. Die zu enge Jeans – weg damit! Das 10 Jahre alte moosgrüne T-Shirt, das man nie anzieht? Müll, bitte! Die kaputte Tischlampe in den Micky-Maus-Farben. Kindisch. Wert! Stoff! Hof! Simpel und effektiv. Hat nur einen Haken: Nicht alles, was einen umgibt, muss einen auch glücklich machen. Das verwaschene Abi-Shirt ziehen wir zwar nicht mehr an. Es macht uns auch nicht mehr allzu glücklich, eher melancholisch. Aber sind es nicht diese und andere süßbittere Erinnerungen, die uns am Ende ausmachen und nicht ein ordentlich aufgeräumter Schrank, Marie?

15. Januar

Tag des Hutes
Tag frisch gepresster Säfte
Erdbeereis-Tag
Tag des Schlaglochs

Erster Montag im Januar
Gott-sei-Dank-ist-Montag-Tag
Tag des Wiegens

Erster Samstag im Januar
Fruchtkuchen-Wurf-Tag

Zweiter Montag im Januar
Räum-deinen-Schreibtisch-auf-Tag

Zweiter Dienstag im Januar
Tag der Poesie am Arbeitsplatz

Ein bisschen mehr Mehmet Scholl, bitte!
Es ist wieder einer dieser Tage: Das Wochenende war zu kurz, die Meetings nehmen kein Ende, der Urlaub noch viel zu weit weg. Höchste Zeit für ein wenig Abwechslung. Erwecken Sie Ihren inneren Goethe zum Leben und reimen Sie sich was zusammen. Zwei Denkanstöße:

Kameradschaft ist, wenn der Kamerad schafft.
Mehmet Scholl

Lust und Liebe zu einem Ding, macht das nächste »To do« gering.
Deutsches Sprichwort

Dritter Montag im Januar
Martin-Luther-King-Tag

Am Dienstag der dritten vollen Januarwoche
Befreie-die-Welt-von-Modediäten-Tag

Dritter Donnerstag im Januar
Tag der gesunden Frauen-Maße

Dritter Freitag im Januar
Internationaler Fetisch-Tag

Dritter Sonntag im Januar
Welt-Schnee-Tag
Welttag der Religion

Der Glaube versetzt Berge
In der Bibel ist ja gern die Rede vom »steinigen Weg«, den man einschlagen muss, um sich an einem religiös erfüllten Leben zu erfreuen. Bei Matthäus 7:13 heißt es zum Beispiel: »Gehet ein durch die enge Pforte. Denn die Pforte ist weit, und der Weg ist breit, der zur Verdammnis abführt.« Anders gesagt: Wer nicht durch die »enge Pforte« geht, kommt nicht in den Himmel. Klarer kann man eine Drohung nicht aussprechen.
Es liegt also in der Natur dieser Sache, dass Christen ebenso wie Buddhisten, Juden oder Moslems der tiefen Überzeugung sind, ihre »enge Pforte« sei jenen der anderen vorzuziehen. Unzählige kriegerische Auseinandersetzungen – gestern wie heute – zeugen von diesem Irrsinn. Der viel zitierte »Clash der Kulturen« ist daher im Speziellen auch ein Krieg der Glaubensbekenntnisse.
Aber Religionen sind für Millionen auch eine Zuflucht der Hoffnung. Und der Glaube versetzt ja bekanntlich gern Berge. Es wäre zwar an Naivität nicht zu überbieten, am Welttag der Religionen von einer Welt zu träumen, die nur *eine gemeinsame* »himmlische Pforte« propagiert. Doch zumindest heute sollten wir den Mut haben, so naiv zu sein, daran zu glauben.

Vierter Mittwoch im Januar
Tag des Büchereiregal-Fotos

Letzter Freitag im Januar
Spaß-bei-der-Arbeit-Tag

Vierter Samstag im Januar
Besuche-dein-lokales-Deckengeschäft-Tag

Letzter Samstag im Januar
Saatgut-Tausch-Tag

Letzter Sonntag im Januar
Welt-Lepra-Tag

Letzter Montag im Januar
Tag der Luftpolsterfolie

Erster Freitag, der 13. des Jahres
Beschuldige-jemand-anderen-Tag

Jeder Freitag, der 13.
Tag des Rauchmelders

Flexibel im Januar
Blauer Montag (Motivationstief)
Museums-Selfie-Tag

Das Leiden der Mona L.
Der Auftrag klang einfach: ein Selfie mit Mona. Aber dass man sich für diesen Tag den Louvre in Paris ausgesucht hat, verflucht man jetzt alle zehn Sekunden. Natürlich schweigend. Man will ja nicht als Kulturbanause gelten. Also zürnt man ob der eigenen Naivität, steht geduldig in der Schlange und sieht, wie die anderen Besucher auf Smartphones ihre zuvor porträtierten Trophäen bestaunen. Man erhascht auf den Displays vor allem Haarkränze anderer Besucher und dahinter die Venus von Milo und denkt voller Übermut: Das hätte ich aber besser hingekriegt.
Ein abgetrennter Gang führt die Schlange in einen anderen Raum. Langsam geht es vorwärts. Schritt für Schritt. Im Kopf

definiert man schon automatisch den geeigneten Kamerawinkel für das Insta-Foto. Museumswärter achten auffällig gelangweilt auf die Einhaltung unausgesprochener Regeln, und dennoch ist man maßlos enttäuscht, als man dicht gedrängt innerhalb eines Pulks vorgelassen wird. Auf Zehenspitzen ist zu erkennen: Hinter einer meterweiten Absperrung hängt dieses Bildchen (77 x 53 Zentimeter) an der Wand und demütigt den Zuschauer mit schlichtester Präsenz. Kameraklicken! Smartphones in die Luft! Ein Dicker drängelt sich vor, seine stark geschminkte Frau im Schlepptau. Das ist die Chance, die Rettungsgasse für das eigene Foto! Bevor sich die Gruppe hinter den beiden schließt, hat man die Verfolgung aufgenommen. Oh, jemand auf den Fuß getreten. Pardon! Ein anderer schubst. Pardon! Nicht abdrängen lassen! Pardon! Nach drei, vier weiteren Pardons steht man schließlich vorn am Absperrband. Gute vier oder fünf Meter von Mona entfernt. Die Museumswärter mahnen zur Eile. Jetzt! Schnell umdrehen! Tipp, tipp, tipp. Mission accomplished?

Aufgeregt wischt man übers eigene Display und erkennt die eigene Stirn samt Haaransatz, die eigenen Augenbrauen und dahinter – in sicherem Abstand – den oberen Part des Gemäldes, genauer gesagt: Monas Haaransatz. Ihre Augen und ihr weltbekanntes undefiniertes Lächeln sind nicht drauf. Kurz überlegt man, noch einmal zurückzugehen und einen zweiten Anlauf zu starten. Durchdachter, cleverer, nicht so tölpelhaft. Aber man verwirft den Gedanken schnell wieder. Das Ergebnis unterm Strich: 2 x Haaransatz plus 1 x Augenbrauen. Na ja, denkt der Kulturbanause, besser als nix, kein Selfie ist perfekt.

Wochenende im Januar
Ohne-Hose-U-Bahn-fahren-Tag

Tag und Monat stimmen überein (1.1., 2.2., 3.3.)
Bonza-Bottler-Tag

16. Januar

Tag des Nichtstuns
Würdige-einen-Drachen-Tag
Internationaler Tag der scharfen Gerichte
Tag der Religionsfreiheit

17. Januar

Tag der Straßenbahn
Tag der Kindererfinder
Wirf-die-Neujahrsvorsätze-über-den-Haufen-Tag
Geburtstag der Kunst
Tag des heißen gebutterten Rums

18. Januar

Welttag des Schneemanns
Winnie-Pooh-Tag
Tag des Gourmetkaffees
Tag des Wortschatzes

19. Januar

Welttag des Migranten und Flüchtlings (kirchlicher Gedenktag)
Popcorn-Tag
Konserven-Tag

20. Januar

DJ-Tag
Pinguin-Tag

Tag des Camcorders
Tag der Akzeptanz
Tag der Käse-Liebhaber
Buttercrunch-Tag (Süßigkeit)

21. Januar

Weltknuddeltag
Eichhörnchen-Tag
Tag des Müsliriegels
Tag der Verabredung zum Spielen
Welttag der Jogginghose

Lagerfeld hatte absolut recht

Machen wir uns nichts vor: Da möchte man unbedingt zum Sport gehen, stolpert über die fast gepackte Sporttasche, fällt einem Unfall gleich in die Jogginghose, kann sich im Sturz gerade noch auf die Couch retten und bestellt per App im nächsten Moment versehentlich eine Pizza. So weit, so bekannt. – Angeblich wurde der Welttag der Jogginghose ins Leben gerufen, damit »das überaus bequeme Kleidungsstück zumindest an einem Tag im Jahr kein Schattendasein führen muss«, sagt Wikipedia. Schattendasein?! Mal ehrlich: Hat nicht jede Jogginghose, die irgendwo zwischen Kapstadt und Kuala Lumpur gefertigt wurde, schon bei ihrer Herstellung begriffen, dass sie wohl nie joggen gehen wird? Echte Jogginghosen-Ästheten sind ja der Meinung, dass eine Jogginghose erst dann den höchsten Grad ihrer Bequemlichkeit erreicht hat, wenn man ihr nicht mehr ansieht, wo hinten und wo vorne ist. So gesehen hatte Karl Lagerfeld recht, als er sagte: »Wer eine Jogginghose trägt, hat die Kontrolle über sein Leben verloren.« Denn der oben erwähnte »Sturz« auf die Couch hat etwas Erlösendes. Es ist jener Moment des Tages, an dem wir unser kontrolliertes Leben hinter uns lassen. Klar, wird niemand öffentlich zugeben, aber hey, unter uns, ist es nicht ein herrliches Gefühl?

22. Januar

Tag des hellen Brownies
Fest-des-Lebens-Tag
Tag des Punktmusters
Tag der scharfen Soße
Beantworte-die-Fragen-deiner-Katze-Tag
Deutsch-Französischer Tag

23. Januar

Kuchen-Tag
Miss-deine-Füße-aus-Tag
Tag der Handschrift

Immer auf die Schräglage achten!
Es scheint kein Trend mehr zu sein, sondern ein struktureller Wandel. Die Schlagzeilen sind eindeutig: »Kinder bekommen Handkrämpfe bei längeren Aufsätzen!«, schreibt *Die Welt*. Und die *Frankfurter Allgemeine Zeitung* präzisiert: »Mehr als jedes dritte Grundschulkind kann offenbar kaum flüssig schreiben.« Allgemein diagnostizieren Lehrer: Die Digitalisierung führt dazu, dass die Handschriften der Schüler immer schlechter werden. Große Aufregung im Lehrerzimmer! Noch größere am Elternabend! Eine Art Zivilisationsbruch im Abendland. – Ich würde hier gern kurz einhaken und eine schlichte Frage stellen: Schon mal einen Arzt getroffen, dessen Handschrift Sie lesen konnten? Eben. Diagnose: Schwere Unleserlichitis.
Generell ist das mit der Grafologie ja so eine Sache. »Die Handschrift ist ein Spiegel der Persönlichkeit«, sagt zum Beispiel der Grafologe Helmut Ploog. Er kann anhand mehrerer Dutzend Merkmale eine Persönlichkeitsanalyse erstellen. Zu seinen Kunden zählen Privatpersonen, aber auch Unternehmen.

Was Ploog für Unternehmen natürlich nicht analysiert: In einer Handschrift zeigt sich auch unser Sexualverhalten. Eine ohne Unterbrechungen rechtsschräg gehaltene Schrift, weist – zum Beispiel – auf Kontaktfreudigkeit und erotische Aufgeschlossenheit hin. (Falls Sie jetzt gerade überlegen, ob Ihre Schrift rechtsschräg ist, warten Sie lieber, bis Sie gelesen haben, was linksschräge Schriften bedeuten!) Menschen mit einer rechtsschrägen Schrift leben ihre sexuellen Impulse gern aus, sind begeisterungsfähig und verlieben sich »schneller« als andere. In einer Partnerschaft neigen sie zum Seitensprung, messen dem Abenteuer aber keine allzu große Bedeutung zu. Noch schwieriger zu händeln sind allerdings Linksschreiber! Eine linksschräge Schrift weist auf einen introvertierten Charakter hin, der seine sexuellen Wünsche oft nicht ausdrücken kann (oder will). Es heißt, hinter einem Linksschreiber kann sich auch ein erotischer Vulkan verbergen, der genau dann explodiert, wenn Sie ihn (oder sie) kennenlernen. Unbedenklich, weil etwas »langweiliger« sind dagegen sogenannte »Steilschreiber«. Wenn ein Steilschreiber mal eine Technik verinnerlicht hat, ist es schwer, ihn davon abzubringen. (Falls Sie jetzt nicken:) Andererseits sind diese Menschen sehr pflichtbewusst und zuverlässig.

Kurzum: Falls Sie jetzt wissen wollen, welches Sexualverhalten der Arzt Ihres Vertrauens pflegt, achten Sie ab heute auf die Schräglage!

24. Januar

Tag der Komplimente (USA)
Tag der Bierdose
Welttag des herzhaften Lachens
Rede-wie-ein-grauhaariger-Schürfer-Tag
Tag der Erdnussbutter

25. Januar

Tag des Gegenteils
Tag des Irish Coffee
Ein-Zimmer-ganz-für-sich-allein-Tag
Tag der Wetterbeobachtung
Burns Supper (Ehrentag schottischer Dichter)

26. Januar

Tag der Ehepartner
Welttag der Umweltbildung
Tag des Erdnusskrokants
Verstecke-einen-Kuchen-Tag
Tag des Kohlsafts
Australia Day (Nationalfeiertag Australiens)

27. Januar

Tag der eulerschen Zahl
Welt-Milchpumpen-Tag
National-Geographic-Tag (Magazin)
Tag der Familienbildung
Tag des Schokoladenkuchens
Internationaler Tag zum Gedenken an die Opfer des Holocaust

5 Holocaust-Bücher, die man lesen sollte
»Der Junge im gestreiften Pyjama«, *John Boyne*

»Hitler 1889–1945«, *Ian Kershaw*

»Die Ermittlung«, *Peter Weiss*

»Jahrhundertzeugen«, *Tim Pröse*

»Fritz Bauer: Oder Auschwitz vor Gericht«, *Ronen Steinke und Andreas Voßkuhle*

28. Januar

Internationaler LEGO-Tag
Europäischer Datenschutztag
Tag des Blaubeer-Pfannkuchens
Kazoo-Tag (Rohrblasinstrument)
Gänseblümchen-Tag
Welttag des gesellschaftlichen Engagements

29. Januar

Tag der Freigeister
Tag des Mais-Chips
Griesgram-Tag
Puzzle-Tag

30. Januar

Tag der sinnlosen Anrufbeantworter-Nachrichten
Tag der Alltagsflucht
Tag des Nachbarschafts-Jodelns
Tag der Sehnsucht (Brasilien)
Croissant-Tag

31. Januar

Rückwärts-Tag
Tag des Gorilla-Anzugs
Sankt-Nimmerleins-Tag
Tag der heißen Schokolade
Tag des Flaschenschraubverschlusses
Begeistere-dein-Herz-mit-Kunst-Tag

Februar

1. Februar

Baked-Alaska-Tag (Eisbombe)
Tag der Kfz-Versicherung
Dekoriere-mit-Süßigkeiten-Tag
Tag der Schlange
Welttag des Lautvorlesens
Ändere-dein-Passwort-Tag

Äh ...

Bitte geben Sie ein sicheres Passwort ein.
baby

Fehler! Ihr Passwort muss 12 Buchstaben enthalten.
babysitterin

Fehler! Ihr Passwort muss eine Zahl enthalten.
1 babysitterin

Fehler! Ihr Passwort darf keine Leerzeichen enthalten.
1babysitterin

Fehler! Ihr Passwort muss einen Umlaut enthalten.
1bäbysitterin

Fehler! Ihr Passwort muss einen Großbuchstaben enthalten.
1Bäbysitterin

Fehler! Ihr Passwort muss ein Sonderzeichen enthalten.
1Bäbysitterin!!!!!!

Fehler! Ihr Passwort darf keine aufeinanderfolgenden
Sonderzeichen enthalten.
*IchSchiebeDirDie1VerdammteBäbysitterinGleichInDenArsch
WennDuDasPasswortJetztNichtNimmst!!!!*

Fehler! Dieses Passwort ist bereits vergeben.
Wählen Sie ein anderes.

2. Februar

Welttag der Feuchtgebiete
Tag des arbeitslosen Duftbaums
Igel-Tag
Crêpe-Tag
Tag des Murmeltiers
Tag des Schlittenhundes
Ängste-überwinden-trotz-schwerer-Krankheit-Tag
Mariä Lichtmess
Tag der Tater Tots (frittierte Kartoffel-Formlinge)

3. Februar

Golden-Retriever-Tag
Tag des Karottenkuchens

4. Februar

Tag der selbst gemachten Suppe
Tag der gefüllten Pilze
Pullover-Tag
Welt-Krebs-Tag
Bedanke-dich-beim-Postboten-Tag

Ein Postbote kommt niemals allein

Wer diesen Tag ernst nimmt, unterschätzt meist die Aufgabe. Denn früher, zu Zeiten der guten, alten Bundespost, war das schnell erledigt. Man kannte »seinen« Postboten. Er (oder sie) brachte alle Briefe, Postkarten, Pakete, die einen erreichen sollten. Heute ist der »gute, alte« Postbote nur einer von vielen. Neben der Post konkurrieren auch UPS, TNT, DPD, GLS, DHL, Hermes und andere um unsere Pakete. Das heißt: man müsste am heutigen Tag nicht eine Person umarmen, sondern im Zweifelsfall etwa ein halbes Dutzend. Wenn Sie sich also noch etwas anderes für den Vormittag vorgenommen haben, verschieben Sie es. Jeder einzelne dieser Boten hat – zumindest 1 x im Jahr – eine Umarmung verdient.

5. Februar

Welt-Nutella-Tag
»Hast du gepupst?«-Tag
Tag des Wetteransagers
Runeberg-Tag (Ehrentag Nationaldichter Finnland)
Tag des Schoko-Fondues
Tag des Monarchfalters

6. Februar

Internationaler Tag der Nulltoleranz gegenüber der Genitalverstümmelung bei
  Frauen und Mädchen
Tag der lahmen Ente
Tag des Frozen Joghurts

7. Februar

Ballett-Tag
Schicke-einem-Freund-eine-Karte-Tag
Winke-deinen-Nachbarn-zu-Tag
Internationaler »The Clash«-Tag (Rockband)

8. Februar

Tag des Drachensteigens
Lache-und-werde-reich-Tag

Tag des (Heirats-)Antrags (Indien, Nepal, Bangladesch)
Tag der Oper
Tag des Melasse-Riegels

9. Februar

Lies-in-der-Badewanne-Tag
Pizza-Tag
Tag der Zahnschmerzen

10. Februar

Regenschirm-Tag
Tag der Plimsoll-Marke (Höchstlademarke am Schiff)
Tag der Frischkäse-Brownies
Tag der doofen Nuss
Internationaler Tag des Feuerlöschers
Tag der Kinderhospizarbeit

**»Ich war schlicht und ergreifend zu feige,
dieses Kind umzubringen.«**
Katharina Dinger ist unheilbar krank. Die Achtjährige hat das sel-
tene Miller-Dieker-Syndrom, verbunden mit einer therapieresis-
tenten Epilepsie: Sie kann weder sitzen noch stehen oder laufen.
Sie spricht nicht und macht sich nur durch Laute verständlich.
Das Syndrom führt zu einer schweren Fehlentwicklung des Groß-
hirns. Katharina wird zeitlebens im geistigen Entwicklungsstadi-
um eines Säuglings bleiben. Ihre Eltern Yvonne und Henry Dinger
wissen: Ihre Tochter kann jederzeit sterben. Ein Eltern-Gespräch
über schöne und schlimme Momente im Alltag, das Prinzip
Durchhalten und die Liebe zu einem Menschen, den sie in guten
Phasen ihr »Sonnenscheinchen« nennen.

Frau Dinger, Herr Dinger, Katharina kam am 3. Dezember 2010 zur Welt. Erst mit der Geburt bekamen Sie die finale Diagnose. Welche Erinnerungen haben Sie beide noch an diesen Tag?

Henry Dinger: Dass Katharina nicht gesund, munter und schreiend auf die Welt kommen wird, war eigentlich seit dem Tag der Erstdiagnose klar. Das muss um die 26. Schwangerschaftswoche gewesen sein. Aber als ich sie auf meinem Bauch liegen hatte, hat sie ihr Köpfchen gehoben und gedreht, das weiß ich noch. Und ich habe mich noch gefragt: Warum kann sie das jetzt?

Yvonne Dinger: Sie kam ja auch mit einem Schrei zur Welt. Und ich weiß noch, wie der Professor sagt: »Frau Dinger, die schaut ganz normal aus, ich glaube, wir hatten Glück.« So ist die Katharina von mir weggekommen. Im Aufwachraum kam dann die Ernüchterung. Kind nicht da, Mann nicht da – und ich dachte mir bloß: »Wo bleibt denn die Euphorie? Warum freust du dich denn nicht? Oder weißt du einfach, dass es wirklich scheiße gelaufen ist?« Von meinem Mann habe ich später erfahren, dass es noch schlimmer ist als erwartet. Meine einzige Hoffnung war, Katharina noch lebend zu sehen.

Sie haben sich bewusst gegen eine Abtreibung entschieden. Welche Rolle spielte die Tatsache, dass Sie knapp ein Jahr zuvor ein Kind in der Frühschwangerschaft verloren hatten?

Yvonne Dinger: Ich war immer felsenfest überzeugt: Wenn ich weiß, dass mein Kind schwerstbehindert ist, kann ich auf jeden Fall eine Abtreibung machen, das würde ich auch mit meinem Gewissen vereinbaren, gar kein Problem. Dann habe ich dieses Kind verloren und habe gelitten wie ein Hund. Ich wusste: Das wird jetzt nicht so einfach, wenn da irgendwie wieder mal was wäre, und dann war da plötzlich wieder was. Ich habe Katharina relativ zeitig gemerkt und war schlicht und ergreifend zu feige, dieses Kind umzubringen.

Als nach der Geburt klar war, die Befürchtungen haben sich bewahrheitet, Katharina wird ihr Leben lang ein Pflegefall sein: Wann findet man sich mit diesem Schicksal ab?

Yvonne Dinger: Das ist ein Prozess. Das sind immer wieder Rückschläge, bei mir ganz massiv – immer wieder habe ich gehadert.

Henry Dinger: Ich habe mir im Laufe der Jahre zwei Bewältigungsstrategien zurechtgelegt. Die eine lautet: Wir wissen, Katharina kann jederzeit sterben. Diese Gefahr ist aber bei jedem Kind, beispielsweise durch einen Unfall, latent vorhanden. Wenn es andere Eltern plötzlich und unerwartet trifft, sind die, glaube ich, an einem schlimmeren Punkt als ich jetzt. Zum anderen haben wir auch immer versucht, es mit einer gewissen Art Humor zu transportieren – als Selbstschutz – und ja, vielleicht auch als Anfang eines Prozesses, sich damit abzufinden. Nach dem Motto: Es ist so, und jetzt machen wir das Beste draus.

Das klingt so einfach. Wie oft träumen Sie noch von einem gesunden Kind?

Yvonne Dinger: Es gibt diesen einen Traum, der immer wieder kommt: eine grüne Wiese, ein Kind rennt mit offenen Armen auf mich zu und sagt »Mama«. Das ist das Unterbewusstsein, das einem wirklich blöde Streiche spielt. Was mir wirklich sehr wehtut, ist: Ich höre in meinem Leben nie »Mama«. Sie wird auch nie in der Lage sein, die Arme nach mir auszustrecken. Das ist für mein Mutterherz schon sehr schlimm.

Wie kommunizieren Sie mit Katharina?

Yvonne Dinger: Wir haben gelernt zu interpretieren und glauben, dass sie viel mehr versteht, als landläufig angenommen wird. Im täglichen Umgang versuchen wir normal mit ihr zu reden. Viel geht auch über taktile Reize, sie gilt ja als blind. Wenn ich sie anziehe, berühre ich beispielsweise erst ihren Fuß und sage: »Jetzt ziehen wir die Socke da an, und jetzt kommt der andere Fuß dran, und jetzt mache ich hier mit dem Bein weiter für die Hose.« Weil wir nicht wissen, wie viel sie tatsächlich wahrnimmt, versuche ich ihr das mitzuteilen. Manchmal interessiert sie das nicht und sie brüllt. Dann höre ich das Reden auf.

Die Lebenserwartung bei Betroffenen mit dem Miller-Dieker-Syndrom liegt durchschnittlich bei zwei bis drei Jahren. Katharina ist jetzt acht. Sie wissen: Jeder Tag kann der letzte mit Katharina sein. Wie geht man um mit so einer Erkenntnis?

Yvonne Dinger: Latent ist die Angst natürlich da. An Weihnachten 2016 haben wir es erlebt. Da war sie eigentlich schon zweimal mehr drüben als hier.

Wurde Ihnen da noch einmal klar, wie schnell es gehen kann?

Yvonne Dinger: Da habe ich vor allem festgestellt, dass ich noch nicht vorbereitet bin. Obwohl das eigentlich schon ewig klar ist. Ich war bis dato zu feige, einen Bestatter oder eine Grabstelle zu organisieren. Ich habe mir noch keine Gedanken gemacht, wie die Bestattung ablaufen soll, habe keine Ahnung, was ich ihr anziehen soll, ich war zu feige, mich um das alles zu kümmern. Die durfte einfach nicht gehen. Hat sie dann Gott sei Dank auch bleiben lassen. Jetzt habe ich es artig organisiert. Der Friedhof ist ja gleich gegenüber. Der ist jetzt erweitert worden – genügend Gräber sind also frei.

Henry Dinger: Für uns reicht das noch.

**Die Betreuung von Katharina ist ein Fulltime-Job.
Sie sind aber beide berufstätig. Wie vereinbaren Sie Job
und Katharina?**

Henry Dinger: Ich arbeite von zu Hause aus, das macht es leichter. Wir müssen jeden Tag mindestens vier Stunden aufwenden. Die sind fest verplant. Es ist vergleichbar mit einer halben Pflegestelle. An einem normalen Tag, wenn Katharina aus der Förderschule kommt, fange ich abends so gegen halb sechs an, ihre Medizin und unser Essen vorzubereiten. In der Zwischenzeit macht meine Frau Physiotherapie mit dem Kind.

Yvonne Dinger: Dann inhaliere ich mit ihr, wir gehen noch einmal auf die Rüttelplatte und zwischendrin Windeln wechseln.

Henry Dinger: Wenn sie dann gegen neun Uhr im Bett ist, können wir überlegen, ob wir vor dem Fernseher schlafen …

Yvonne Dinger: … oder wir nutzen die Gelegenheit, noch mal was zu arbeiten. Das war früher so meine Zeit, in der ich hauptsächlich Anträge erledigt habe. Meistens hat einer von uns das Babyfon, und der andere macht was. Sie hustet nämlich noch ein paarmal oder übergibt sich auch. Es ist nicht immer gleich. Zusammengefasst bin ich Osteopathin, Physiotherapeutin, Homöopathin, Logopädin, Atemtherapeutin. Und manchmal darf ich auch Mama sein.

**Wie oft kommen da bei Ihnen dann Momente, in denen
Sie sich denken: Ich kann nicht mehr, ich will nicht mehr?**

Yvonne Dinger: Diese Gedanken kommen schon lange, inzwischen fast täglich. Das ist so. Aber ich weiß inzwischen, dass ich ein Stehaufmännchen bin. Zuletzt hatte ich jedoch auch eine ganz lange Phase, in der ich nicht mehr weinen konnte. Weil es einfach zu viel war. Erst letzte Woche ist der Damm gebrochen. Das tut dann fast gut, wenn es mal wieder rauskommt.

... wenn man also wieder Schwäche zeigen kann?

Yvonne Dinger: Ja, das ist so ein angestauter Druck. Es ist ganz schwer zu beschreiben und noch schwerer auszuhalten. Aber ich weiß, dass ich funktionieren kann – und Gott sei Dank lässt mein Körper mich nicht im Stich. Dafür bin ich sehr dankbar.

Wie hat sich Ihr Leben seitdem verändert, wie haben auch Sie sich verändert?

Henry Dinger: Ich glaube, wir haben durch Katharina gelernt, disziplinierter zu leben und mehr Verantwortung zu übernehmen.

Yvonne Dinger: Man lebt wesentlich bewusster. Gerade in der Arbeit fällt mir das oft auf. Wenn Kollegen völlig außer sich sind und über Gott und die Welt schimpfen, dann kommt bei mir sofort der Gedanke: »Lebensbedrohlich? Nein? Alles gut.« Ich habe auch gelernt, fast alles zu hinterfragen, nichts mehr als selbstverständlich zu nehmen. Ich bin ein komplett anderer Mensch – die Yvonne von früher gibt's kaum noch.

Trauern Sie dieser Yvonne von früher manchmal hinterher?

Yvonne Dinger: Ja. Die vermisse ich schon, klar.

Glauben Sie, die kommt noch mal wieder?

Yvonne Dinger: Nee, die ist futsch.

Sind auch einige Freunde und Bekannte weg?

Yvonne Dinger: Sie lernen ganz viele neue Menschen kennen. Und Menschen, die Sie früher mal gekannt haben, tauchen ab.

Henry Dinger: Es hat sich eigentlich komplett gedreht. Wir haben den Bekanntenkreis ausgewechselt. Es kommen keine Leute mehr zu uns, Nachbarn höchstens mal zum Grillen.

Yvonne Dinger: Das hat aber schon mit der Geburt von Katharina angefangen. Wir haben sehr wenige Gratulationen gekriegt. Freunde, die uns im Krankenhaus besucht haben, haben sogar gefragt: »Darf man zu so etwas jetzt überhaupt gratulieren?« Das hat mich in dem Moment sehr getroffen.

Henry Dinger: Ich habe gleich nach der Geburt eine SMS rumgeschickt, um allen schon einmal die Euphorie aus den Segeln zu nehmen. Ich wollte keinem falsche Hoffnungen machen.

Man fühlt sich wie ein Aussätziger?

Yvonne Dinger: Ja, genauso fühle ich mich. Wir sind die mit dem Alien. Beispiel: Babymassage-Kurs. Die anderen Mütter haben sich zum Abschluss noch mal zum Frühstück getroffen, aber mich haben sie gar nicht gefragt.

Henry Dinger: Ich würde das nicht ganz so sehen. Als Aussätziger bin ich jemand, der nicht beachtet, abgelehnt wird, am Rand steht. Das bin ich aber von der Persönlichkeit her nicht. Wir gehen auf Facebook sehr offensiv mit Katharina um. Einmal, um anderen Leuten die Angst zu nehmen, immer wieder fragen zu müssen: »Ist das Kind schon tot, oder wie geht's euch denn eigentlich?« Zum anderen auch, um auch am Leben teilzunehmen.

Yvonne Dinger: Irgendwann werden Sie auch einfach nicht mehr eingeladen. Das ist so.

Henry Dinger: Worüber wollen Sie sich mit uns auch unterhalten? Über den Karibik-Urlaub?

Yvonne Dinger: Über den Englisch-Lehrer? Sie dürften bei uns nicht mit am Tisch sitzen, wenn wir essen. Da wird auch mal über die Konsistenz von Katharinas Stuhlgang diskutiert. Das kann schon zu Irritationen führen.

Kommen Sie auch mal in eine Phase des Lamentierens?

Henry Dinger: Ich habe noch nie über irgendwas lamentiert. Das liegt mir nicht. Meckern und jammern ist etwas, was ich überhaupt nicht abkann bei anderen. Weil ich mir immer denke: Du kannst was tun gegen die Situation, die du gerade scheiße findest.

Yvonne Dinger: Das macht die Katharina auch nicht gesund, wenn ich den ganzen Tag dasitze und mich frage: Warum eigentlich? Warum, warum? Ich halt's mit Karl Valentin: Ich freue mich, wenn es regnet, denn wenn ich mich nicht freue, regnet es auch.

Wie ist aktuell das Verhältnis zwischen guten und schlechten Momenten?

Yvonne Dinger: Die guten Momente sind inzwischen wirklich rar. Das letzte Jahr war besonders hart, weil man nicht mehr sagen kann, sie hat eine gute Phase. Wir haben nur Phasen, wo sie wirklich nur noch gute Stunden hat. Das macht natürlich mürbe.

Wie schwer fiel der Schritt, sich Hilfe von Pflegediensten und der Stiftung Ambulantes Kinderhospiz München zu holen?

Yvonne Dinger: Sehr schwer. Ich wollte es einfach nicht einsehen. Ich bin doch diejenige, die ehrenamtlich arbeitet. Ich bin doch diejenige, die spendet. Ich bin diejenige, die Zeit für andere hat. Geht's mir denn schon so schlecht, dass ich Hilfe brauche? Hätte mich das Palliativteam München damals nicht zum Aufenthalt im Hospiz gezwungen, hätte ich mir, glaube ich, keine Hilfe geholt. Mein »Aber« haben sie jedoch nicht gelten lassen. Und dann kam dieses Eingeständnis: Ich habe versagt, ich muss mir jetzt Hilfe holen. Das ist für mich ganz schwer. Muss ich das? Bin ich so schwach? So unfähig? So unzulänglich? Ja, offensichtlich. Das habe ich verstanden, also musste ich es akzeptieren. Das war eine Vernunftentscheidung.

Haben Sie mittlerweile aufgehört, sich diese Fragen zu stellen?

Yvonne Dinger: Ich bin auf diese Hilfe angewiesen, sonst breche ich zusammen. Und wenn ich zusammenbreche, hat die Katharina ein Problem. Dann haben wir alle hier ein Problem. Wenn einer von uns beiden ausfällt, wird's zappenduster.

Sie betreiben nebenher auch ihren Blog »beSONDErs gesund«, gegründet, um auf das Thema Sondenkost aufmerksam zu machen. In letzter Zeit liest sich der aber eher wie eine Selbsttherapie. Hat dieser Blog für Sie therapeutische Wirkung?

Yvonne Dinger: Die Beiträge haben sich durchaus verschoben, das stimmt. Eigentlich mit der Einführung der Rubrik »Mamas Welt«. Mittlerweile darf ich sogar Vorträge zu meinem Herzensthema Sondenkost halten. Mein Traum ist es, dass es diese Sondenkost irgendwann nicht mehr gibt, dass Menschen einfach ordentliche Nahrung kriegen – egal wie. Die Katharina soll nicht umsonst gelebt haben. Ich möchte, dass von ihr was weiterlebt. Wenn wir das schon durchstehen müssen, dann sollen andere da wenigstens profitieren können. Ich glaube, das ist auch in Katharinas Sinn. Das ist so ein Sonnenscheinchen, wenn's ihr gut geht und ich glaube, das würde ihr gefallen.

Das Gespräch ermöglichte uns die Stiftung Ambulantes Kinderhospiz München (AKM), die Katharina und ihre Eltern seit November 2013 betreut. Die Kinderhospizarbeit ist eine Lebensbegleitung, die ab dem Tag der Diagnose beginnt und nicht erst wenige Monate vor dem Sterben. Hierbei gilt es, stationäre und ambulante Hospize voneinander zu unterscheiden: Bundesweit gibt es 19 stationäre Kinderhospize, in denen Familien meist nur ein paar Wochen zum Urlaub unterkommen. Das AKM feiert 2019 15-jähriges Jubiläum und betreut aktuell rund 400 Familien mit todkranken Kindern. In Deutschland gibt es insgesamt rund 22.500 Betroffene.

11. Februar

Welttag des Kranken
Internationaler Tag der Frauen und Mädchen in der Wissenschaft
Europäischer Tag der 112
Internationaler Falschparker-Tag
Hol-deine-Gitarre-raus-Tag
Schließe-eine-Freundschaft-Tag
Tag der glücklichen Singles
Tag der Ehefrauen von Profisportlern
Zerbrich-dir-nicht-den-Kopf-über-Dinge-die-passiert-sind-Tag
Tag des weißen T-Shirts (Streikende General Motors)
Tag des Pfefferminz-Plätzchens
Fütterung-der-Waldtiere-Tag (Polen)

12. Februar

Internationaler Tag gegen den Einsatz von Kindersoldaten
Tag des Plumpuddings (britisches Weihnachtsgericht)
Internationaler Darwin-Tag
Tag des verlorenen Cents

13. Februar

Welttag des Radios
Hol-dir-einen-anderen-Namen-Tag
Tag der Selbstliebe
Tortellini-Tag

14. Februar

Valentinstag
Tag des Kondoms
Spender-Tag
Tag des Haustier-Diebstahls
Internationaler Tag der Buchschenkung
Tag der Pralinen mit Creme-Füllung
Riesenrad-Tag

15. Februar

Internationaler Kinderkrebstag
Tag des Regenwurms
Nilpferd-Tag
Tag des Gummibonbons
Tag des Bewusstseins für Singles
Keiner-isst-alleine-Tag

Erster Freitag im Februar
Kaugummi-Tag
Nackt-arbeiten-Tag
Trage-Rot-Tag

Erster Samstag im Februar
Eiscreme-zum-Frühstück-Tag
Tag der Spitze
Geh-mit-deinem-Kind-in-die-Bücherei-Tag

Erster Sonntag im Februar
Mach-Schluss-mit-deinem-Idioten-Tag
Tag des Yorkshire-Puddings (Gebäck)

Zweiter Freitag im Februar
Internationaler Winter-Fahrradpendlertag

Zweiter Sonntag im Februar
Welthochzeitstag

Zweiter Montag im Februar
Reinige-deinen-Computer-Tag
Internationaler Epilepsietag

Zweiter Dienstag im Februar (zweiter Tag der zweiten Woche des zweiten Monats)
Tag für mehr Internetsicherheit
Tag der außerirdischen Kultur

Dritter Samstag im Februar
Welttag des Schuppentiers

Samstag vor dem Tag der US-amerikanischen Präsidenten
Welt-Wal-Tag

Dritter Montag im Februar
Tag der US-amerikanischen Präsidenten

Tiefgekühltes vom Präsidenten

Thomas Jefferson hat den Lincolns, Obamas und Trumps eins voraus: Als einziges Staatsoberhaupt der USA hat er seinen eigenen Welttag. Am 13. April gedenken die Amerikaner ihres dritten Präsidenten. Aber auch viele seiner Nachfolger haben ihren Anteil an der Geschichte einiger Welttage: So führte Jimmy Carter beispielsweise 1978 den Tag der Großeltern ein. Bis heute ist der zweite Sonntag im September eine Institution, an dem sich der amtierende Präsident an die Nation wendet. Carter war es auch, der den nationalen Tag der Erdnuss (13. September) ausrief. Allerdings vor seiner Zeit als Präsident, da war er noch Farmer. Wie viele andere Bürger in den USA wandte er sich mit seinem Vorschlag direkt an den Kongress. Bis 1995 war das möglich. Dann aber hat die Süßwarenindustrie von dieser Möglichkeit inflationär Gebrauch gemacht, und sie wurde gestrichen. Was uns zu Ronald Reagan führt. Er deklarierte den 6. März als Welttag der Tiefkühlkost. Warum? Vielleicht mochte er Aufgetautes. Genau weiß das keiner. 1986 unterzeichnete er außerdem eine Erklärung, wonach der 15. November als Tag der Philanthropie begangen werden sollte. Immerhin: Die sollte nicht immer wieder aufgetaut werden. Weitere U.S.-Präsidenten, die die Machtfülle ihres Amtes nutzten, um Welttage ins Leben zu rufen, sind: Bill Clinton (Tag des Respekts für Eltern, 01.08.), George W. Bush (Tag der Luftlandung, 16.08. und Welttag der Freiheit, 09.11.), Franklin D. Roosevelt (Tag der Luftfahrt, 19.08.) und Harry S. Truman (Sieg-über-Japan-Tag, 02.09.). Was bleibt für den 45. US-Präsidenten? Was bleibt für Donald Trump? Nur ein Vorschlag: Eine deutsche Personalmarketingagentur hat einmal den Tag der doofen Nuss ins Leben gerufen. Den könnte Trump ja auch in den USA einführen …

Dritter Donnerstag im Februar
Führe-ein-Mädchen-in-die-Technik-ein-Tag

Letzter Samstag im Februar
Tag der Schwertschlucker
Öffne-diese-Flasche-Nacht

Champagner im Schlafanzug

Ich kann mich noch gut daran erinnern, als mir mein Großvater diese Flasche geschenkt hat. 2016 reiste ich in die Champagne. Reporterjob. Am letzten Abend bestellte ich mir ein Glas des weltberühmten Schaumweins. Als krönenden Abschluss, sozusagen. Es prickelte, es schäumte, es war herrlich. Ich genoss jeden Schluck.

Zu Weihnachten dann die Überraschung: ein Dom Perignon unterm Christbaum! Mein Großvater wollte mir eine Freude machen. Gleichzeitig dachte ich: »Diese Flasche öffne ich zu einem ganz besonderen Anlass – vielleicht ja zur Beförderung oder anlässlich des Besuchs alter Freunde aus Amerika? Oder noch besser: zur Verlobung mit meiner Freundin?«

Letztlich ist es ganz anders gekommen. Der Karton mit dem Champagner verschwand im Keller. Dort lag er – im Schuhregal – über zwei Jahre. Der passende Moment? Er kam irgendwie nie. Ich hatte die Flasche fast schon vergessen. Beim Entrümpeln bin ich dann wieder auf sie gestoßen und nahm sie mit hoch in die Wohnung. Es war einer dieser ganz normalen Tage: Fenster putzen, Schrank ausmisten, Wäsche waschen. Und die Steuer, ja die Steuer habe ich auch noch erledigt. Und dann stand sie da plötzlich im Kühlschrank, die Flasche Schampus. Wie eine kostbare Erinnerung an die Champagne, an meinen Großvater. Ich hörte meine innere Stimme sagen: »Wirklich? Heute? Ist heute der richtige Tag, jetzt der richtige Moment?« Und in derselben Sekunde sagte ich mir: »Hey! Willst du noch zwei Jahre warten, in denen nichts passiert? Brauche ich wirklich einen Anlass? Nein!

Heute ist der Tag! Wozu aufsparen?« Mit einem ordentlichen Knall sprang der Korken gegen die Zimmerdecke, knallte gegen die Küchenlampe und landete auf dem Fenstersims. Sekunden später saß ich mit meiner (noch immer nicht verlobten) Freundin im Schlafanzug auf der Couch vor dem Fernseher. Jeder ein Glas in der Hand. Mit Champagner auf einen langen Aufräum-Tag anstoßend. Marie Kondo hätte ihre wahre Freude an uns gehabt. *Schöner* hätte es nicht sein können!

Vielleicht war meine Entscheidung irrational. Aber: Bereue ich sie? Auf gar keinen Fall! Es ist doch so: Auch wenn wir noch nicht verlobt sind – jeder Couchabend mit meiner Freundin vor dem Fernseher ist etwas Besonderes.

Letzter Montag im Februar
Spiel-mehr-Karten-Tag

Letzter (vierter) Mittwoch im Februar
Mach-dir-selbst-Umstände-Tag

Letzter Mittwoch im Februar
Tag des pinken T-Shirts (Anti-Mobbing-Tag in Kanada)

Letzter (vierter) Donnerstag im Februar
Chilli-con-Carne-Tag

Ende Februar (flexibel)
Tag des digitalen Lernens

Letzter Tag im Februar
Tag der seltenen Krankheiten

16. Februar

Tag der Mandel
Mach-einem-Griesgram-eine-Freude-Tag
Tim-Tam-Tag (australische Schokokekse)
Tag der Innovation

17. Februar

Tag der willkürlichen Gefallen
Ich-mache-es-auf-meine-Art-Tag
Welttag des menschlichen Geistes

18. Februar

Batterie-Tag
Iss-Eiscreme-zum-Frühstück-Tag (Gedenktag für die 9-jährige Malia Grace)
Internationaler Tag der Entdeckung Plutos
Tag der fliegenden Milchkuh
Trinke-Wein-Tag

19. Februar

Tag der Minzschokolade
Internationaler Tag des Tauziehens

20. Februar

Welttag der sozialen Gerechtigkeit
Welt-Pfeifenraucher-Tag
Kirschkuchen-Tag
Handschellen-Tag
Liebe-dein-Haustier-Tag

21. Februar

Welttag des Fremdenführers
Sticky-Bun-Tag (süßes Gebäck)
Internationaler Tag der Muttersprache

Hustensaft ist nicht aus Husten

Mal ganz ehrlich: Das mit der Muttersprache ist eine komische Sache. Wir verstehen sie besser als jede andere Sprache, aber wir wissen nicht *warum*.

Wie schwierig das willkürliche und historisch bedingte Konstrukt der Sprache ist, merken wir bei Fremdsprachen, wenn wir also den Mutterschutz verlassen, um etwas Neues zu lernen. Fremdsprachen erlernen macht Mühe und mal ganz dumm gefragt: Wäre die Welt nicht viel schöner, wären wir in jeder Sprache Muttersprachler? Warum können wir nicht alle Sprachen? Warum tapst auch in Science-Fiction-Filmen ein goldlackierter Übersetzungsroboter durchs Bild, der alles sprechen und verstehen kann, sogar Dialekte vom anderen Ende der Galaxie? Warum ziehen Sprachen eine Grenze um uns, nachdem wir zehn oder zwölf geworden sind?

Eine fremde Sprache, so viele Wörter, die es zu erlernen gilt, so viele Regeln und schlimmer noch, so viele Ausnahmen von eben jenen Regeln, über die wir stolpern. Sagen wir es also so, wie es ist: Wir alle sind Barbaren. Der Internationale Tag der Muttersprache ist nichts anderes als ein Tag der Sprach-Barbaren. So nannte Homer alle Nicht-Muttersprachler, also all jene, die kein Griechisch konnten: Stammler, Stotterer.

Falls Sie anderer Meinung sind: Versuchen Sie mal einem Franzosen, Italiener, Japaner oder Amerikaner zu erklären, warum der Orangensaft in der deutschen Muttersprache aus Orangen ist, aber der Hustensaft nicht aus Husten. Sie werden schnell sehen, das kostet nur Nerven und führt zu nix.

22. Februar

Tag des Singletaskings
Welttag der Pfadfinder
Tag der Weißwurst
Margarita-Tag (Cocktail)
Führe-den-Hund-aus-Tag
Sei-bescheiden-Tag
Welt-Yoga-Tag
Koche-eine-Süßkartoffel-Tag

23. Februar

Tag des Bananenbrots
Curling-ist-cool-Tag
Internationaler Tag des Hundekuchens
Spiel-Tennis-Tag

24. Februar

Tortilla-Chip-Tag
Tag der Liebenden (Rumänien)
Welttag der Barkeeper

**»Ich will keine Trends bedienen,
ich will etwas Besonderes schaffen.«**
Klaus St. Rainer ist nicht nur einer der bekanntesten und erfolgreichsten Bartender Deutschlands, er ist auch einer der lässigsten. Rainer war Barchef bei Ernst Lechthaler und arbeitete sieben Jahre in der »Schumann's Bar« in München, bevor er 2010 die »Goldene Bar« im Münchner »Haus der Kunst« eröffnete. 2012 wurde er bei den Mixology Bar Awards zum »Bartender des Jahres« gewählt, 2013 wurde sein Lokal »Bar des Jahres«. Mit dem Buch »Cocktails. Die Kunst, perfekte Drinks zu mixen« gelang

ihm damals ein Bestseller, der sich zum Klassiker entwickelt hat. Im Mai 2018 eröffnete Rainer in der Münchner Ludwigstraße sein zweites Lokal: das »Wabi-Sabi-Shibui«. Hier hat er seine große Liebe zu Japan in einen Ort einfließen lassen, der mit seiner Schlichtheit eine klassische Eleganz verkörpert, die vielen anderen Münchner Bars fehlt.

Eigentlich wollten wir mit Klaus St. Rainer nur ein kurzes Gespräch führen. Drei Fragen, drei Antworten. Dabei ist es aber nicht geblieben. Es wurde ein längeres Gespräch über Dinge, die ein Barkeeper wissen und können muss, über »Hugo« und »Aperol Sprizz« sowie den Unterschied zwischen einem Bartender und einem Barkeeper.

Lieber Klaus, auf einer Skala von 1 bis 10, wobei 10 »superwichtig« und 1 »nichtig« bedeutet: Wie wichtig ist es für einen Barkeeper ... Cocktail-Trends zu erkennen?

Fünf.

... Cocktail-Trends zu erkennen und zu variieren?

Superklare Zehn.

... Cocktail-Trends zu erkennen und zu ignorieren?

Die Antwort müsste jetzt ja Null lauten, damit ich mir nicht selbst widerspreche, oder?

Äh, ja.

Das mit der Skala ist tricky. Wenn jemand eine geile Idee hat, braucht die immer ein bisschen, bis sie sich fortpflanzt. Aber plötzlich kommen Menschen in eine Bar und verlangen nach diesem bestimmten Getränk, und du merkst sofort, wie sich der Virus verbreitet. Klassisches Beispiel: der Hugo. Im Originalrezept wurde ja Zitronenmelisse als Sirup verwendet. Aber am Ende wurde es Holunderblütensirup mit Pfefferminze. Eine Variation.

Du nennst ihn ja »Fucking Hugo«, richtig?

Ich? Niemals! Wir hatten allerdings eine Zeit lang ein Schild an der Bar, da stand drauf: »No Hugo – or you go!«

Eine rigorose Bar-Politik.

Na ja, das ist ja nicht böse gemeint. Aber: Ich will keine Trends bedienen, ich will etwas Besonderes schaffen.

Barkeeper-Ehre?

Zehn.

Wie steht's dann um dich und Aperol Sprizz?

Aperol Sprizz ist ja nichts anderes als eine gepimpte Weinschorle. Wir haben über die Argumente und Faktoren, die zum Erfolg des Getränks geführt haben, nachgedacht und versucht etwas qualitativ Hochwertigeres zu kreieren, das viel weniger Zucker hat. Die Menge des Zuckers ist ja das Schädlichste, was man mit dem Alkohol in den Körper aufnimmt.

Wie hieß damals eure Variation?

Unser Lösungsvorschlag hieß Lillet Tonic. Mit Kräutern und Bitterwurzeln. Den bieten wir zwar immer noch an, aber mit einem

Demeter Roséwein aus dem Burgenland. Den füllen wir mit unserem extra-dry Tonic und Eis auf, plus ein Stück Grapefruit rein – fertig! Kein zugesetzter Zucker! Das ist für mich auch schlaueres und nachhaltigeres Trinken.

Hätte nie gedacht, dass ich mal einen Barkeeper treffe, der vom »nachhaltigen Trinken« spricht.

Na klar! Ich will als Bartender immer wissen, wo die Produkte herkommen, die ich meinen Gästen anbiete.

Wie wichtig ist es für einen Barkeeper, ... gut zuhören zu können?

So zu tun als ob? Klare Zehn. (*lacht*)

... gut weghören oder wegsehen zu können?

Auch Zehn. Die meisten Menschen kommen ja in eine Bar, um Spaß zu haben, ihrem Alltagsstress zu entfliehen, um mal abzuschalten. Natürlich passieren da auch Sachen, die man sich nicht merken sollte.

Zum Beispiel?

Es ist die älteste Geschichte der Welt: Frauen betrügen ihre Männer und Männer ihre Frauen. Als Barkeeper weiß man, dass der eine Gast am Montag mit seiner Frau kommt und am Donnerstag mit einer Freundin. Da wäre es aus Barkeeper-Sicht extrem unangebracht, sich einzumischen.

... ein Cocktailbuch veröffentlicht zu haben, das ein Bestseller ist?

Nicht wichtig.

Bitte nenne eine Zahl zwischen Eins und Zehn.

Okay, okay. Zwei. Es ist eine schöne Bestätigung der eigenen Arbeit, der eigenen Kreativität. Aber wichtig ist es nicht.

... die Welt bereist zu haben?

Schon wichtig. Acht. Je mehr Reisen, desto tiefgründiger die Person, heißt es ja. Aber ich kenne auch gute Bartender, die haben die Stadt, in der sie leben, so gut wie noch nie verlassen.

Du redest gern vom Bartender, heute ist aber der Tag der Barkeeper. Was ist eigentlich der Unterschied?

Gute Frage, ist wahrscheinlich so eine Nerd-Sache. Der Bartender ist der Typ hinter der Bar. Beim Barkeeper spricht man vom Besitzer der Bar.

Und du bist?

Im Zweifelsfall beides.

25. Februar

Tag der Gesundheitsforschung
Tag der Schachtelsätze
Wein-und-Käse-Tag
Tag der sämigen Muschelsuppe
Tag der schokolierten Erdnüsse

26. Februar

Erzähle-ein-Märchen-Tag
Tag der Pistazie
Tag der abgeschwächten Flüche
Tag der Mietköche
Levi-Strauss-Tag

27. Februar

Pokémon-Tag
Tag des Eisbären
Erdbeer-Tag
Kahlua-Tag (Kaffeelikör)
Welt-NGO-Tag

28. Februar

Weltkrokettentag
Tag des Kalevala und der finnischen Kultur
Scouse-Tag (Lamm- und Rindereintopf aus Liverpool)
Tag des Schokoladen-Soufflés
Zahnfee-Tag
Tag des floralen Designs

März

1. März

Null-Diskriminierungs-Tag
Tag zum Schutze des Pferdes
Tag des Obstkompotts
Plane-einen-Singleurlaub-Tag
Neuer-Schwung-in-der-Rente-Tag
Tag der Hochzeitsplanung
Tag des Schweins
Welttag der Komplimente

2. März

Tag des Trödels
Dr.-Seuss-Tag (Kinderbuchautor)
Tag der Bananencremetorte
Tag des Lesens (USA)

3. März

Internationaler Tag des Artenschutzes
Welttag des Hörens
Tag der Nationalhymne
Welttag des TB-303 Analogsynthesizers
Glühwein-Tag
»Was, wenn Katzen und Hunde opponierbare Daumen hätten«-Tag
Tag des Aufschnitts
Internationaler Irish-Whiskey-Tag
Tag des Kanadischen Bacons
Internationaler Tag für die Rechte Prostituierter

4. März

Grammatik-Tag

Internationaler Tag der Scrapbooking-Industrie (Bastelhobby)
Tag des Rührteigkuchens
Tag des Spielzeugsoldaten
Tag der Blaskapelle

5. März

Tag des Energiesparens
Cheez-Doodles-Tag (amerikanischer Snack)
Absinth-Tag
Tag der Multiplen Persönlichkeit

6. März

Europäischer Tag der Logopädie
Tag der Tiefkühlkost
Weiße-Schokolade-Käsekuchen-Tag
Zahnarzt-Tag

3 Sätze, die wir heute nicht hören wollen:

»… oh-oh, das sieht aber gar nicht gut aus …«

»… das pikst nur ein bisschen.«

»… und? Schon taub?«

7. März

Weltgebetstag der Frauen
Tag der gesunden Ernährung
Tag der Mülltrennung
Getreideflocken-Tag
Tag des Schweine-Kronenbratens
Werde-gehört-Tag
Tag der Pflanzenkraft

8. März

Tag des Korrekturlesens
Tag der Erdnuss-Cluster (Süßigkeit)
Weltfrauentag

3 Statements zum Weltfrauentag
»So, wie wir sie erziehen, leisten wir unseren Söhnen
einen Bärendienst. Wir ersticken ihre Männlichkeit.
Wir definieren Männlichkeit in einem sehr engen Sinn.
Männlichkeit ist ein eiserner kleiner Käfig, in den wir
unsere Jungen sperren. ... Und den Mädchen leisten wir
einen noch viel größeren Bärendienst, indem wir ihnen
beibringen, dem fragilen Ego der Männer zu Diensten
zu sein.«
Chimamanda Ngozi Adichie, Schriftstellerin

»Die selbstsichere Frau verwischt nicht den Unterschied
zwischen Mann und Frau – sie betont ihn.«
Coco Chanel, Designerin

»Sehen Sie sich um. Die meisten Ehemänner sind
der beste Beweis, dass Frauen Humor haben.«
Donna Leon, Schriftstellerin

9. März

Tag der Barbie-Puppe
Panik-Tag
Finde-dich-damit-ab-Tag
Tag der Dritten Welt
Tag des Krebsfleisches
Meatball-Tag

10. März

Nimm-dein-Mittagessen-mit-Tag
Internationaler Tag der Großartigkeit
Super-Mario-Tag
Tag der Röcke
Internationaler Dudelsack-Tag
Tag des Blueberry Popovers (Gebäck)
Internationaler Perücken-Tag

11. März

Welttag der Rohrleitungen
Tag der Haferflocken-Nuss-Waffel
Europäischer Gedenktag für die Opfer des Terrorismus

12. März

Tag der Pfadfinderin
Tag der gebackenen Jakobsmuschel
Pflanze-eine-Blume-Tag

13. März

Ken-Tag (Barbie)
Tag der Ohrenschützer
Öffne-einen-Regenschirm-drinnen-Tag
Tag der Kokosnusstorte
Smart-&-Sexy-Tag
Tag des Juwels

14. März

Internationaler Aktionstag gegen Staudämme
Pi-Tag
Tag der Kartoffelchips
Lerne-etwas-über-Schmetterlinge-Tag
Tag des Crowdfundings
Weißer Tag (Reaktion auf Valentinstag)
Tag der Motte
Tag der Rechtsanwaltsgehilfen
Internationaler Stell-eine-Frage-Tag
Dribble-mit-dem-Basketball-zur-Arbeit-Tag
Tag der wissenschaftlichen Erziehung
Schnitzel-und-Blowjob-Tag

15. März

Tag der Rückengesundheit
Tag der ehrlichen Bekenntnisse
Tag der Bussarde
Brutus-Tag
Weltverbrauchertag
Welttag der Rede

Von Rocky bis Gandhi

Kennen Sie das Gefühl? Wenn ich aus dem Kino komme, möchte ich das Gefühl haben, die Welt aus den Angeln heben zu können. Ich will diese grenzenlose Energie in mir spüren, dass ich mit einer einzigen Idee die Welt verändern könnte. Das erklärt meine regelrechte Sucht nach guten Geschichten, dem besten Stoff, der großen Kinoleinwand.

Wir sehen uns ja Filme aus vielen verschiedenen Gründen an. Einige frönen ihrem Eskapismus – sie sehnen sich danach, in exotische oder aufregende Welten zu tauchen. Andere wollen mitgerissen werden – voller Begierde schauen sie sich aus Begeisterung oder Angst Action- oder Horrorfilme an. Ich liebe – zum Beispiel – inspirierende Reden. Es ist nur eine persönliche Theorie, aber ich glaube: Eine gute Rede kann aus einem mittelmäßigen Film in wenigen Zeilen ein inspirierendes Meisterwerk machen. Sieben Filme, die Sie sich demnächst vor allem wegen der enthaltenen Reden ansehen sollten:

Charlie Chaplin als Anton Hynkel in »Der große Diktator«, 1940

Peter Finch als Howard Beale in »Network«, 1976

Michael Douglas als Gordon Gekko in »Wall Street«, 1987

Tim Robbins als Andy Dufresne in »Die Verurteilten«, 1994

Mel Gibson als William Wallace in »Braveheart«, 1995

Al Pacino als Tony D'Amato in »Any given Sunday«, 1999

Sylvester Stallone als Rocky Balboa in »Rocky Balboa«, 2006

Und falls Sie nun auf den Geschmack großer Reden gekommen sind: Hier sind sieben Reden, die in keinem Kino zu sehen waren, aber die man in seinem Leben wenn schon nicht gehört, so doch einmal gelesen haben muss.

Perikles, »Gefallenenrede«, 431/30 v. Chr.

Mahatma Gandhi, »Quit India«, 1942

Martin Luther King, »Ich habe einen Traum«, 1961

Richard von Weizsäcker, »Zum 40. Jahrestag des Endes des Zweiten Weltkriegs in Europa«, 1985

Nelson Mandela, »Die Zeit für die Heilung der Wunden ist gekommen«, 1994

Steve Jobs, »Bleibt hungrig, bleibt albern«, 2005

Barack H. Obama, »Yes, we can«, 2008

Erster Montag
Lustige-Tatsachen-über-Namen-Tag

Sie nannten ihn (nicht) Mücke

Es gibt diesen englischen Spruch: »You never get a second chance to make a first impression«. Ob beim Date oder Vorstellungsgespräch. Eine Bewerbung von Philipp Pumuckl Heßler sticht heraus, ebenso die von Pepsi-Carola Krohn. Für die Eltern von Pepsi-Carola hat es sich 1959 sogar finanziell gelohnt: 10.000 Deutsche Mark zahlte der amerikanische Brausehersteller an das Hamburger Ehepaar, nachdem die Tochter getauft wurde. Aber: Will man das seinem Kind wirklich antun? Die Blicke auf den Ämtern, das Kichern und Hänseln der Mitschüler. Zwischen aufhorchen lassen und der Lächerlichkeit preisgeben ist es ein schmaler Grat. Drei Tipps.

1. Nehmen Sie sich bitte kein Vorbild an Prominenten!

Paris Hilton, Brooklyn Beckham, San Diego Pooth. Städte-Vornamen versprühen Glitzer und Glamour, wahre Weltläufigkeit! Wenn man jedoch in der Lüneburger Heide wohnt und die Nachbarn Hans und Susi heißen, wird man mit einem Städte-Vornamen schnell zur Zielscheibe. Deshalb: Einen Knirps namens Bottrop Kaiser oder Chemnitz Müller im Kindergarten sollte man vermeiden.

2. Kill your Darlings!

Vornamen wie Matt-Eagle oder Milka haben deutsche Standesämter zwar schon genehmigt – aber mal im Ernst: Matter Adler? Und: Wieso nicht gleich Vollnuss statt Milka? Dann doch lieber zu Altbewährtem: Coco Chanel hieß eigentlich Gabrielle mit Vornamen. Und Romy Schneider trug den herrlich altbacken klingenden Namen Rosemarie. Und trotzdem: Aus beiden ist etwas geworden!

3. Vergessen Sie den Nachnamen nicht!
Manchmal ergibt sich auch aus der Kombination aus Vor- und Nachname Kurioses. Beispiel: Anna Bolika. Eine Karriere als Leistungssportlerin? Never ever. Andere Beispiele gefällig: Axel Schweiss, Rainer Zufall oder Otto Mane. Tipp: Ändern Sie nicht gleich Ihren Nachnamen, aber bitte ersparen Sie Ihrem Kind lebenslanges Mitleid.

Zweiter Montag
Füll-den-Tacker-auf-Tag

Zweiter Montag, vor Zeitumstellung
Tag des Nickerchens

Zweiter Dienstag
Tag des strukturierten Home Office

Zweiter Mittwoch
Tag der eingetragenen Ernährungswissenschaftler
Nichtrauchertag (UK)

Letzter Mittwoch
Tag der Seekuh

Donnerstag der ersten vollen Woche
Tag des Namensschildes

Erster Donnerstag
Weltbuchtag (UK und Irland)

Zweiter Donnerstag
Weltnierentag

Freitag der ersten vollen Woche
(Feier-)Tag des zweiten Vornamens

Erster Freitag

Zieh-dich-blau-an-Tag

Tag der Verkäufer

Tag des Angestellten

Tag des digitalen Entzugs

Neandertaler? – Gar kein Ausdruck!

Das Versuchskonzept ist einfach: Eine Woche ohne elektronische Geräte – na ja, fast, den Kühlschrank mal ausgenommen. Aber kein Smartphone, kein Bügeleisen, kein Computer oder Laptop, das Tablet schied völlig aus, kein Fernseher, kein Netflix, kein Amazon (Prime), kein Spotify, Old-School-Autofahrten ohne Navi und abends keine PS4! Eine Woche offline! Back to the 80ies, baby! Und sind die 80ies nicht das aktuelle Sehsucht-Jahrzehnt? – Bitte vergessen Sie das schnell wieder. Hier das Ergebnis von einer Woche offline in ausgesprochenen Schimpfwörtern. Und eins schon mal vorweg: Sorry, konnte ja niemand ahnen, dass das so ausartet.

502 x »Scheiße!«

461 x »Verfickte Scheiße!«

374 x »Verfluchter Scheiß!«

329 x »Motherfucker!«

237 x »Kacke!«

198 x »WTF!«

183 x »Verdammter Mist!«

79 x »Fick dich!«

34 x »Kruzifix!«

16 x »Kacke, das dauert ja eeeeeewig!«

15 x »Bitch!«

11 x »Das kann jetzt nicht wahr sein!«

9 x »Kann mich bitte einer auf der Stelle erschießen?!«

6 x »Ach, leck mich doch am Arsch!«

1 x »Was würd' ich jetzt für einen fetten Shitstorm geben!«

Freitag vor Tagundnachtgleiche
Welt-Schlaf-Tag

Zweiter Samstag
Tag der Ahnenforschung
Internationaler Tag der Bauchtasche

Dritter Samstag
Tag des Corn Dogs (US-amerikanischer Imbiss)
Tag des Wattierens

Erster Sonntag
Tag des Namensvetters

Zweiter Sonntag
Ehrentag für Oma und Opa (Schweiz)
Internationaler Tag der Planetarien
Überprüfe-deine-Batterien-Tag
Tag des Trockenshampoos

Dritter Tag der Aktionswoche »International Celebrate Your Name Week«
Tag der ungewöhnlichen Namen

Um den 15. März herum
Europäischer Verbrauchertag

16. März

Lippen-Tag
Tag der Informationsfreiheit
Panda-Tag
Keine-Selfies-Tag
St.-Urho's-Tag (finnische Legende)

17. März

St. Patrick's Day

18. März

Tag der peinlichen Momente
Internationaler Welt-Recycling-Tag
Verzeihe-deinen-Eltern-Tag
Tag der nachhaltigen Unternehmen
Biodiesel-Tag

19. März

Tag des Geflügels
Lass-uns-lachen-Tag
Internationaler Kundentag
Internationaler Lies-mir-vor-Tag
Tag des Schokoladen-Karamells

20. März

Welttag der französischen Sprache
Internationaler Tag der Frankophonie

Weltglückstag
Welttag des Sperlings
Tag des brennenden Schneemanns
Küsse-deine(n)-Verlobte(n)-Tag
Ravioli-Tag
Welttag des Geschichtenerzählens
Tag des Heiratsantrags
Tag des Gedenkens an Fred Rogers
Hufflepuff-Tag (Harry Potter)
Tag des Vergiftungsschutzes für Kinder im Haushalt

21. März

Welt-Poesie-Tag
Internationaler Tag für die Beseitigung rassistischer Diskriminierung
Internationaler Tag der Wälder
Welt-Holz-Tag
Internationaler Tag der Farbe
Welt-Hauswirtschafts-Tag
Welttag des Down-Syndroms
Internationaler Nouruz-Tag
Welt-Tattoo-Tag
Tag des allgemeinen Anstands
Baguette-Tag
Tag der Alleinerziehenden
Tag der Erinnerungen
Internationaler Duft-Tag
Tag der gesunden Dicken
Slytherin-Tag (Harry Potter)

Kann jedem passieren

Der 21. März ist ein besonderer Tag. Es ist der Tag mit den meisten Welttagen. Wir haben uns gefragt: Wie ließen sich all diese Tage tatsächlich unter einen Hut kriegen? Ein Versuch:
Da muss man sich den Tag gut einteilen und jede weitere Erinnerung (Tag der Erinnerungen) daran ausblenden, wenn man als tätowierte (Welt-Tattoo-Tag) alleinerziehende (Tag der Alleiner-

ziehenden) Iranerin (Internationaler Nouruz-Tag) morgens um sieben mit einem herrlich frisch duftenden (Internationaler Duft-Tag) Baguette (Baguette-Tag) unter dem Arm und auf dem Weg zum Vorstellungsgespräch für den Job im Behindertenheim (Welttag des Down-Syndroms) an der Bushaltestelle von so nem Ich-bin-nicht-gegen-Ausländer-ABER-Typen angeblökt wird (Internationaler Tag für die Beseitigung rassistischer Diskriminierung), man gehöre als gesunde dicke Frau (Tag der gesunden Dicken) hinter den Herd (Welt-Hauswirtschafts-Tag). Da will man ja am liebsten nur noch in den Wald hinter der Bushaltestelle rennen, um vor blutroter (Internationaler Tag der Farbe) Wut die Natur anzuschreien (Internationaler Tag der Wälder und Welt-Holz-Tag), stattdessen flötet man aber vor lauter Anstand (Tag des allgemeinen Anstands) nur leise: »NPD, AfD, ojemine« (Welttag der Poesie).

* Sorry, liebe Harry-Potter-Fans, der Slytherin-Tag hat nicht mehr in den Text gepasst. Aber ihr Zauberzöglinge findet bestimmt eine Stelle, in die er passen könnte, oder?

22. März

Weltwassertag
Internationaler Tag der Seehunde
Blödsinn-machen-Tag
So-jung-wie-du-dich-fühlst-Tag
Gryffindor-Tag (Harry Potter)

23. März

Welttag der Meteorologie
Welttag der Invaliden
Knapp-vorbei-Tag (Meteorit)
Welpen-Tag

Toast-Melba-Tag
Chip-und-Dip-Tag
Ravenclaw-Tag (Harry Potter)

24. März

Welt-Tuberkulose-Tag
Internationaler Tag für das Recht auf Wahrheit über schwere Menschenrechts-
    verletzungen und für die Würde der Opfer
Europäischer Tag des handwerklich hergestellten Speiseeises
Elefanten-zeichnen-Tag
Tag der schokoladenüberzogenen Rosinen
Mitbewohner-Tag

25. März

Internationaler Tag des Gedenkens an die Opfer der Sklaverei
Internationaler Tag der Solidarität mit inhaftierten und vermissten UN-Mitarbeitern
Europäischer Tag der Talente
Tag der Tolkien-Lektüre
Waffel-Tag
Tag der Pekannuss

26. März

Nougat-Tag
Tag des Spinats
Lilafarbener Tag (Epilepsie)
Denk-dir-deinen-eigenen-Welttag-aus-Tag

Liebevoll, kurios, albern? Fragen Sie die Roys!
Eins vorneweg: Ein Geheimrezept gibt es nicht. Das hier ist keine
Anleitung. Denn die gibt es nicht. Ein Beispiel: Der Comiczeichner
Bastian Melnyk hat sich schon fast 340 Feiertage ausgedacht, sie

finden Sie auch in diesem Buch (Beispiel: der Zuspätkommtag am 30. Juli). Wichtig ist dem Berliner, dass seine Kreationen »entweder sehr positiv und liebevoll oder so ein bisschen albern sind«.

Das ist der erste Schritt: Seien Sie liebevoll, albern, denken Sie um die Ecke. Damit hätten Sie die beste Chancen, dass Ihre Kreation sich verbreitet. Denn darum geht es letztlich. Dass andere Ihre Idee aufgreifen. Melnyk fördert das nicht proaktiv, »das kursiert einfach«, sagt er. Manchmal greifen Radio- oder Fernsehsender seine Ideen auf und bitten ihn um ein Interview.

Der offizielle Weg für einen Internationalen Welttag geht übrigens über die UNESCO in New York City. Aber ob die einen Heimlichen Tag des (Sagichnicht) oder den Tag der Schlummertaste als internationalen Feiertag werten würden? Wohl eher nicht.

Andererseits gibt es einige Webseiten, die klare Hürden für einen Welttag festlegen. Beispielsweise der Blog Days Of The Year. Wer dort aufgenommen werden will, muss nachweisen, dass eine größere Gemeinschaft an der Durchführung seines Festtages interessiert ist. Ein weiteres Beitrittskriterium sind mindestens 1.000 Likes auf Facebook. Ergo: Was funktioniert und was nicht, entscheiden letztlich Facebook, Radio, TV & Co. Der Erfinder eines Feiertages muss also ein guter Verkäufer sein. Oder er holt sich Hilfe – etwa von Ruth und Thomas Roy. Das amerikanische Ehepaar betreibt mit seiner Homepage Wellcat.com eine regelrechte Welttage-»Fabrik«. Mehr als 80 markenrechtlich geschützte Feier-/Welttage gehen auf das Konto der Roys. Gegen Bezahlung rühren die beiden auch für Ihren Welttag die Werbetrommel.

27. März

Welttheatertag
Tag skurriler Country-Songtitel
Paella-Tag
Internationaler Whisk(e)y-Tag

28. März

Unkraut-Tag
Tag der Schwarzwälder Kirschtorte
Etwas-auf-einem-Spieß-Tag

29. März

Tag der austrocknenden Niagara-Fälle
Tag der Täuschung
Tag der Zitronen-Chiffon-Torte

30. März

Mach-einen-Spaziergang-im-Park-Tag
Stifte-Tag
Ärzte-Tag

31. März

Tag des Donaldismus (Donald Duck)
Internationaler Transgender-Tag
Tag des Bunsenbrenners
Tag des Eiffelturms
Welt-Backup-Tag (IT)
Tag des Nachbarn
Internationaler Umarme-einen-Mediävisten-Tag

April

1. April

Spaß-Tag
Tag der essbaren Bücher
Internationaler Tag des Taschenrechners
Internationaler Tag der Occhi-Technik (Handarbeitstechnik)
Tag des Sauerteigbrots
Lesen-ist-lustig-Tag
Tag des Pennys (USA)
Atheisten-Tag
DNA-Tag

2. April

Internationaler Kinderbuchtag
Welt-Autismus-Tag
Liebe-deinen-Obst-und-Gemüsehändler-Tag
Erdnussbutter-und-Gelee-Tag
Tag des Frettchens

3. April

Welt-Party-Tag
Finde-einen-Regenbogen-Tag
Tag des Tweed-Gewebes
Schokoladenmousse-Tag
Fischstäbchen-und-Vanillesauce-Tag

Königsberger Klopse für Barack Obama

In der Haute Cuisine gibt es kaum noch Denkverbote, was Geschmack betrifft. Und heißt es nicht ganz allgemein: Probieren geht über studieren? Spitzenköche wollen ihre Kundschaft stets überraschen, aber manchmal gelingt ihnen das auch bei Kollegen. Die TV-Kochduelle zwischen Tim Mälzer und Tim Raue haben mittlerweile Kult-Status erreicht. Derbe Aussagen, grobe

Überheblichkeit und ein Vorführen des Gegners gehören zum Serien-Repertoire. Im dritten Duell der beiden Tims schickt Raue seinen Kontrahenten ins eigene Restaurant. Mälzer muss seine Interpretation der Königsberger Klopse nachkochen. Siegessicher holt der Hamburger den Teller aus der Box und verkündet: »Die 10 wackelt.« Königsberger Klopse, gute deutsche Hausmannskost, das kann er. Doch dann der Schock-Moment beim Probieren: »Die Soße ist süß. Hä?« Mälzer sind die Fragezeichen ins Gesicht geschrieben. Mit seiner Kreation hat Tim Raue wohl nicht nur seine Gäste überrascht. Angesprochen auf das Gericht sagte Michael Jaeger, Küchenchef von Tim Raues »la soupe populaire«: »Das Rückgrat eines guten Gerichtes ist für mich die Sauce, und die wird mit ordentlich Butter und vor allem einer feinen Rieslingauslese so richtig hinreißend.« Für Mälzer aber wohl nicht hinreißend genug. Er befand beim Kochen in der Original-Location: »Die Soße ist wirklich hart am Zucker«. Klopse mit einer ungewöhnlich süßen Soße. Aber so schlecht kann das Gericht in der Kombination aller Komponenten nicht sein. Immerhin servierte Tim Raue seine Kreation auch schon dem ehemaligen US-Präsidenten Barack Obama. Und es ist nicht bekannt, dass ihm die Kreation nicht bekommen ist.

4. April

Internationaler Tag zur Aufklärung über die Minengefahr und zur Unterstützung
  von Antiminenprogrammen
404-Tag (Fehlermeldung und Zensur)
Weltschlagzeugertag
Vitamin-C-Tag
Welttag der Ratte
Cordon-Bleu-Tag
Tag der Drogenerziehung
Internationaler Tag der Karotte
Geh-Dingen-aus-dem-Weg-Tag

5. April

Tag der Pizza in einer tiefen Schüssel
Karamell-Tag
Tag des Kinofilms »Star Trek: Der erste Kontakt«
Tag der im Krankenhaus zugelassenen Angestellten
Lies-eine-Straßenkarte-Tag
Setze-alles-aufs-Spiel-Tag

Royal Crash

Ich brauche noch etwas Zeit. Um mich an die Umgebung zu gewöhnen: an die Filztische mit dem gepolsterten Rand und den zylinderförmigen Einlassungen für Getränke, an die Kartengeber im Smoking, an die herumwuselnden Kellnerinnen in Nylonstrümpfen und schwarzen Miniröcken, an die Ansagen aus den Lautsprechern, über die alle paar Minuten der Name eines Gasts ausgerufen wird, mit der Bitte, sich bei Tisch 23 oder 27 oder 43 zu melden. Vor allem muss ich mich aber an meine Gegenspieler mit den Kapuzen und verspiegelten Sonnenbrillen, an die amerikanischen Pokerbegriffe und an die höheren Beträge gewöhnen, um die hier gespielt wird. Denn sonst sitze ich mit Freunden und Bekannten immer an einem Küchentisch in München, paffe eine Zigarre und spiele den ganzen Abend um ein paar Euro. Vor zwei Stunden habe ich aber an Tisch Nummer 18 im »MGM Grand Hotel« in Las Vegas Platz genommen, und in der Tischmitte liegen 3.500 US-Dollar. Ich habe zwei Könige auf der Hand. Profis nennen diese Hand »Monster«, weil sie kaum zu schlagen ist. Trotzdem rast mein Puls. Ich versuche, ruhig zu atmen, aber dennoch spüre ich, wie das Hemd auf meiner Brust in schnellem Rhythmus bebt. Ein aufgeregtes, pumpendes Herz lässt sich nicht abschalten.

Kurz zuvor habe ich 400 Dollar gegen den Typ mit der T-Shirt-Aufschrift »I'm from Tel Aviv, Iran is our enemy« verloren, der mich mit seinen hervorquellenden Augen an Mesut Özil erinnert. Aber jetzt kann eigentlich nichts mehr schiefgehen. Jetzt darf auch nichts mehr schiefgehen – denn ich habe mein ganzes Geld gesetzt, 1.750 Dollar, ich bin »all in«.

Mein Gegenüber ist ein hagerer alter Mann, auch er hat 1.750 Dollar gesetzt. Mit seinem Herz scheint alles in Ordnung zu sein, aber ich hatte schon die ganze Zeit Mitleid mit ihm, weil seine Hände immer zittern, wenn er Chips in die Mitte schiebt. Dass sie nun nicht zittern, sollte mir vielleicht zu denken geben. Aber ich bin viel zu sehr damit beschäftigt, meine Erregung zu verbergen, und überdies viel zu sicher, das stärkere Blatt in der Hand zu halten; schließlich gibt es nur eine einzige Anfangs-Hand, die noch stärker ist als zwei Könige: zwei Asse, auch »Pocket Rockets« genannt. Dagegen sieht selbst ein Monster niedlich aus. Aber ich begreife das alles erst, als es längst zu spät ist. Mit einem breiten Grinsen deckt der Zitterer seine beiden Asse auf und streicht wenige Sekunden später den Gewinn ein. »Bad luck«, sagt der Alte. »Zwei Könige treffen nur selten auf zwei Asse.« Mit dem schwer zu beherrschenden Gefühl, mein Geld unglücklich verloren zu haben, es wieder zurückgewinnen zu wollen, gehe ich von da an mehr Risiko ein, fange an zu bluffen und mache Fehler, die gnadenlos von den Mitspielern ausgenutzt werden. Ich verliere weitere 1.800 Dollar, die ich – nach der Niederlage gegen den Zitterer – aus dem Geldautomaten gezogen habe. Um vier Uhr morgens steige ich niedergeschlagen in den Fahrstuhl. Und als der in Sekundenschnelle in den obersten Stock des Hotels fliegt, wird mir fast schlecht. Ich schließe die Tür auf, gehe auf die wandbreite Glasfront meines Zimmers zu und blicke stehend k. o. auf den Las Vegas Strip, der blitzt und funkelt, als wäre gar nichts passiert.

Dabei hatte ich mir Tage zuvor alles so schön ausgemalt. Mein Traum: eine Woche Pokern in Las Vegas. Weg vom Küchentisch in München, mitten rein in die Hauptstadt des Pokerns. Ein großer Tisch, Legenden wie Doyle Brunson oder Phil Hellmuth zu meiner Linken, Hollywoodstar Ben Affleck – ein passionierter Spieler – rechts von mir, und ich pokere endlich mit in der Champions League. Hier mal ein lockerer Spruch, da mal ein Bluff, Gewinn einstreichen, herrlich. Dieser Traum hat mich blind gemacht. Ich habe nämlich die verdammte Hauptregel beim Pokern nicht beachtet: Halte dir immer einen Ausweg offen.

Am Strip leuchtet die Miniatur-Nachbildung der Freiheitsstatue vor der Skyline des Hotels »New York«, gegenüber das »Excalibur«, eine Ritterburg mit roten und blauen Türmen, dahinter das »Luxor«, eine dunkle Pyramide. Nichts passt in dieser Wüstenstadt zusammen. Wie falsch das alles aussieht. Ein riesiges Durcheinander. Meiner Frau habe ich hoch und heilig versprochen, mit dem Zocken aufzuhören, wenn mein geplantes Poker-Budget von 2.000 Dollar für die Woche aufgebraucht ist. Aber ich bin kaum einen Tag da und stecke nicht 2.000, sondern bereits 4.000 Dollar in den Miesen. Mir wird wieder flau im Magen.

Für den nächsten Tag habe ich mir eine Pause verordnet. Mit Vince, einem Spieler, den ich gestern kennengelernt habe, fahre ich zum Grand Canyon. Es ist so heiß, dass jeder Atemzug in der Nase brennt. Vince ist Anfang 50, wohnt in einem amerikanischen Vorort-Häuschen mit akkurat gestutztem Rasen, ist verheiratet, hat zwei Töchter und fährt einen Jeep, in den locker noch zwei weitere Kinder passen würden. Aber als er vor 30 Jahren seiner Highschool-Liebe Sharon offenbarte, dass er professioneller Pokerspieler werden will, haben sie beschlossen, dass zwei Kinder reichen. Im Monat, sagt Vince, macht er im Schnitt etwa 2.000 bis 3.000 Dollar Gewinn. Steuern zahlt er nicht. Als wir zum Stausee Lake Mead fahren, um uns bei einem Bad etwas abzukühlen, erklärt mir Vince seine Strategie: Zunächst beobachtet er die Tische im Casino. Er wählt einen Tisch mit geringen Einsätzen (1 bis 3 oder 2 bis 5 Dollar) aus, an dem er einen oder mehrere Touristen vermutet, und geht anderen Profis aus dem Weg. Man kennt sich. Sharon kocht ihm Gemüsesuppe, die er in einer Thermoskanne neben sich platziert. Sobald er das Dreifache seines Einsatzes gewonnen hat, steht er auf und geht. Manchmal dauert das die ganze Nacht.

»Du schläfst nicht viel, oder?«

»Ich brauch nicht viel Schlaf.«

»Geht's dir beim Poker nur ums Geld?«

»Nein. Geld ist nur ein Indikator für Erfolg. Poker ist Wettkampf in seiner reinsten Form. Wie ein Revolverduell im Wilden Westen – nur ohne Kugeln. Es ist egal, wer du bist. Oder was du bist. Am Pokertisch sind alle Menschen gleich. Es geht nur darum, den anderen fertigzumachen, bevor er dich fertigmacht. Der American Way of Life.«

Als er mich abends vors Hotel fährt und mich aus seinem Wagen entlässt, sagt Vince: »Denk dran, studiere deine Mitspieler, schau, wo ein Kentucky Fried Chicken sitzt, also ein Tourist mit viel Kohle, aber mittelmäßigem Spiel, und nimm ihn aus, so gut du kannst. Machst du das nicht, gehst du unter. Du hast dir einfach die schlechteste Zeit zum Pokern in Las Vegas ausgesucht.«

Ich blicke ihn verständnislos an.

»Sag mal, weißt du das wirklich nicht?«

»Was denn?«

»In ein paar Tagen beginnt die Weltmeisterschaft. Zurzeit sitzen die Besten der Welt an den Casino-Tischen. Kein Honigschlecken.«

Na, servus! Wie konnte ich das nur übersehen!

Die populärste Pokerspielvariante, die an den Casino-Tischen in Vegas gespielt wird, trägt den Namen »Texas Hold'em«. Die Regeln: Jeder Spieler bekommt zwei Karten, verdeckt. Nacheinander werden danach fünf Gemeinschaftskarten in der Tischmitte aufgedeckt. Zuerst drei, dann jeweils eine. Diese Karten heißen Gemeinschaftskarten, weil sich damit jeder Spieler sein Blatt zusammenstellen kann. Die zwei verdeckten Karten »auf der Hand« und drei beliebige Karten aus der Tischmitte bilden am Ende das persönliche Pokerblatt. Das Besondere: Bei keinem anderen Spiel wechselt das Glück so schnell und so oft die Seiten, weil durch die nacheinander aufgedeckten Gemeinschaftskarten ein nahezu todsicheres Gewinnerblatt innerhalb von Sekunden seinen Wert einbüßt. Der Spieler verliert zuerst seine Chips und anschließend seinen Verstand.

An meinem dritten Tag in Vegas spiele ich elf Stunden durch, Pausen mache ich nur, um zu essen, die meiste Zeit warte ich – streng nach Lehrbuch – auf gute Karten. Natürlich könnte ich auch mit »schlechten Karten« setzen, etwa einer Sieben und einer Zwei, aber das Risiko, mit dieser Kombination zu verlieren, ist ungleich höher als mit zwei Buben oder einem Ass und einem König auf der Hand. »Anna Kurnikowa« nennen Pokerspieler diese Hand. Sieht gut aus, verliert aber oft. Wie die ehemalige Tennisspielerin. Und mit Anna Kurnikowa verliere auch ich. Gegen König-Neun. Ein König wird gleich am Anfang aufgedeckt. Die Neun kommt als letzte Karte. Der Typ, ein junger Kerl in Shorts und Flipflops, höchstens 25 Jahre alt, ist alle meine Erhöhungen mitgegangen, weil er dachte, ich bluffe. Ich lag aber die ganze Zeit vorn – bis die letzte Karte kam. Er streicht den Pot über 1.400 Dollar ein, steht sofort auf und geht. Zwei Mitspieler buhen ihn leise aus. Er lächelt nur. Schwer zu ertragen.

Auf dem Weg zum Fahrstuhl komme ich geschätzt an 20 Bankautomaten vorbei. Alle zehn Meter ein Automat. Der Weg soll nicht lang sein für die Casino-Gäste. Ich fische die EC-Karte aus meiner Brieftasche. Dann denke ich an meinen momentanen Kontostand. Minus 4.500 US-Dollar. Und stecke sie wieder zurück. Genug für heute. Oben setze ich mich auf die Bettkante und schalte den Fernseher ein. Es läuft eine Meisterschaft im Rülpsen. Der Rekord liegt bei fast 20 Sekunden. Der Sieger erhält einen überdimensionalen Scheck über 5.000 Dollar. Neidisch schaue ich auf den Bildschirm – und versuche mein Glück: 2,8 Sekunden. Lächerlich. Der Hollywood-Streifen »Rounders« mit Matt Damon zählt zu den besten Pokerfilmen. Er beginnt mit diesem Zitat: »Pass auf, ich

sag dir, wie's läuft! Wenn du nicht innerhalb der ersten halben Stunde am Tisch erkennst, wer von den anderen der Dumme ist, dann bist du der Dumme.« Ein Satz für die Annalen des Spiels. In den vergangenen Tagen habe ich mich oft gefragt, ob ich der Dumme war und es nur nicht gemerkt habe. Mein Kontostand schreit laut: Ja! Analysiere ich allerdings mein Spiel, ist die Antwort nicht so eindeutig. Schließlich bin ich kein blutiger Anfänger. Ich spiele Poker, seit ich sieben Jahre alt war. Mein Vater war – bis ihn meine Mutter vor mehr als 20 Jahren zur Vernunft gebracht hat – ein richtiger Zocker. Er spielte täglich. Als ich 2006 für ein Magazin über den aufkommenden Pokerboom in Deutschland im Casino Baden-Baden recherchierte, fragte mich der technische Direktor des Hauses, ob ich einen Mann namens Christo kenne, wir hätten nämlich denselben Nachnamen. Als ich ihm antwortete, er sei mein Vater, lud mich der zuvor etwas steif wirkende Mann im Dreireiher spontan zu einem Drink ein und erzählte mir freudestrahlend Geschichten von früher. »Ihr Vater ist hier eine Art Legende«, sagte er und fragte: »Spielen Sie auch?« – »Nein, ich bin nur bei ihm in die Lehre gegangen.«
Im Gegensatz zur gediegenen Atmosphäre in Baden-Baden ist der charakteristische Klang eines Las-Vegas-Casinos nicht das Klirren der Eiswürfel in einem Cocktailglas. Es ist ein helles, fast blechernes »Ping«, der lechzende Ruf eines einarmigen Banditen, der sich nach Dollarnoten sehnt. Multipliziert man dieses Ping mal tausend, streut ein paar grelle Sirenen dazu (Zeichen eines eher kleinen statt großen Gewinns), entsteht eine pausenlose Ping-Ping-Sirene-Ping-Ping-Schießerei, die man nach wenigen Stunden nicht mehr hört oder gar – wie etwa Vince – für »total natürlich« hält.
Gerade warte ich darauf, dass ein Platz an einem der Pokertische im »Aria«-Hotel frei wird. Außen ein 54-Stockwerke-Hochhaus aus Glas, innen mehrere Tausend Quadratmeter mit Roulette-, Blackjack- und Würfeltischen und unzähligen Banditen. Von de-

nen lächeln die Stars aus Filmen wie »Sex and the City«, »Batman« oder »Frühstück bei Tiffany«. Das Pokerangebot: mehr als 50 Tische, alle voll besetzt. Selbst die mit den Mindesteinsätzen von 2.000 Dollar pro Spiel. Als mein Name für einen der Fünf-Dollar-Tische aufgerufen wird, es ist gegen 19 Uhr, habe ich – meine Regeln für diesen Las-Vegas-Trip abermals brechend – 1.000 Dollar aus dem Automaten gezogen. Das ist deine letzte Chance, nimm irgendein Kentucky Chicken auseinander. Du kannst nicht immer nur Pech haben. Hab Geduld. Warte auf gute Karten. Halte dir immer einen Ausweg offen – fast jede erdenkliche Phrase, die meine Regelverletzung rechtfertigt, bricht als Glückskeksspruch in meinem Kopf auf.

Als ich Platz nehme, sehe ich Vince am Nebentisch sitzen. Vor ihm ein großer Stapel bunter Chips. Kein Hallo. Er nickt nur. Ich nicke zurück. Pokerprofis machen das so. Ich beginne sofort meine Mitspieler zu studieren: Die meisten tragen eine Sonnenbrille, vier haben eine Kapuze über den Kopf gezogen. Da ist nicht viel zu holen. Aber mir gegenüber sitzt ein beleibter Amerikaner, der ein bisschen Bill Clinton ähnelt: gerötete Pausbacken, ein freundliches Gesicht mit vielen Lachfalten um die Augen. Er trägt eine Kappe des Basketballclubs Minnesota Timberwolves, ist Versicherungsmakler, stammt aus einem Ort namens Maple Grove und prahlt damit, dass er zu Hause jede Pokerrunde gewinnt. Endlich, ein Minnesota Fried Chicken. Punkt Mitternacht habe ich dank Clinton meine 1.000 Dollar verdreifacht. Er flucht und schimpft, ich aber denke an Vince, schaue mich um, er hat seinen Platz schon verlassen. Einsatz verdreifacht. Aufstehen. Gehen. Das würde Vince jetzt tun. So machen es die Profis. Eigentlich ganz einfach. Aber Clinton macht trotz hoher Verluste keine Anstalten zu gehen – und ich wäre doch mehr als dumm, wenn ich mir die einmalige Chance entgehen lassen würde, ihn richtig auszunehmen, oder?

In »Geständnisse eines Pokerspielers« schreibt der frühere Pokerprofi Jack King 1940: »So komisch es klingt, nur wenige Spieler wissen noch, dass sie mal einen großen Pot gewonnen haben. Aber an die Rückschläge erinnern sie sich noch bis ins kleinste Detail.« King hat recht.

Gegen drei Uhr morgens – in den letzten Stunden hat sich nicht viel getan – sitze ich vor meinem Stapel Chips und staune über meine Hand: Pocket Rockets, zwei Asse. In der Tischmitte liegen 90 Dollar und drei bereits aufgedeckte Gemeinschaftskarten: Kreuz-König, Herz-Sieben, Karo-Dame. Zwei Spieler sind noch mit dabei: Clinton und ein braun gebrannter Mann mit grauen Locken und einer Nickelbrille auf der Nase, Typ: lässiger Mathematikprofessor aus Berkeley. Ich setze 90 Dollar. Die Nickelbrille geht mit. Clinton fasst sich an die Nase und erhöht auf 200 Dollar. Normalerweise wäre das ein Grund zum Jubeln. Aber irgendetwas stimmt hier nicht. Clinton muss wissen, dass ich ein starkes Blatt in der Hand halte. Warum erhöht er? Und welches Spiel spielt die Nickelbrille? Der würdigt mich keines Blickes, starrt nur auf die Karten. Bisher hat er sehr vorsichtig gesetzt, kein gutes Zeichen. Andererseits habe ich ihn ein paar Hände zuvor bei einem Bluff erwischt und ihm 220 Dollar abgenommen. Auf ihn muss ich aufpassen. Mein Blick schweift weiter zu Clinton, der bei einer Kellnerin gerade eine Cola bestellt. Laufe ich hier geradewegs in eine Falle?

Halte dir einen Ausweg offen, höre ich meine innere Stimme sagen, und gehe nur mit. Die Nickelbrille überlegt nicht so lang wie ich, er setzt ebenfalls 200. Der Kartengeber deckt die vierte Karte auf: Pik-Ass! Nickelbrille rührt sich nicht. Clinton nimmt seine Kappe ab und kratzt sich am Hinterkopf. Ruhig greife ich in meinen Chipsstapel. In der Tischmitte liegen 700 Dollar. Ich setze 600. Ein deutliches Signal: Jungs, verschwindet hier, ich habe die beste Hand. Der Professor lehnt sich zurück, ich glaube schon zu sehen, wie er seine Karten wegwirft. Aber dann höre ich nur: »All in.« Er hat gerade zusätzlich zu meinen 600 Dollar weitere

1800 ins Spiel gebracht. Und was tut Clinton? Blitzschnell schiebt auch er alle seine Chips in die Mitte, wo nun knapp 6.000 Dollar liegen müssten. Ich knete meine Hände und presse meine Augen zu Schlitzen. Auf dem grünen Filz liegen ein König, eine Sieben, eine Dame und ein Ass, alles unterschiedliche Farben. Ich habe drei Asse, aber was haben die beiden anderen, die alle ihre Chips bereits gesetzt haben? Die möglichen Varianten vibrieren in meinem Schädel. Die einzige Hand, die mich im Moment schlägt, ist die Kombination Bube-Zehn, eine Straße.

Es ist meine letzte Nacht in Vegas. Wenn ich mitgehe und gewinne, streiche ich 8.000 Dollar ein. Wenn ich verliere, habe ich nichts mehr und verlasse die Stadt als geprügelter Hund. Ist das also die große Chance, auf die ich seit Tagen warte? Alle Blicke am Tisch sind auf mich gerichtet. Am liebsten würde ich schreien! Ich weiß nicht, was ich tun soll. Und dann, ganz plötzlich, fällt mir mein Vater ein. »Lass dich nie vom Geld verführen«, hatte er mir einst eingebläut. »Vertraue deinen Instinkten. Beim Pokern spielt man nie die Karten auf dem Tisch, sondern nur die Gegner.« Ich schaue also noch mal zur Nickelbrille (immer noch keine Regung) und zu Clinton (angedeutetes Grinsen) – und lege schließlich meine beiden Asse weg. »I'm out«, rufe ich.

Enttäuscht, mit hängenden Mundwinkeln, dreht die Nickelbrille einen Buben und eine Zehn um. Richtig entsetzt ist er aber, als auch Clinton Bube-Zehn offenbart. Die beiden müssen sich den Pot am Ende teilen, die letzte Karte ist eine Herz-Zwei. »Ich hatte zwei Asse auf der Hand«, sage ich, aber alle lachen nur. Deshalb bitte ich den Kartengeber meine beiden Asse aufzudecken. »Wie konntest du so ein starkes Blatt nur wegwerfen?!«, ruft die Nickelbrille kopfschüttelnd. Auch Clinton ist außer sich: »Das gibt's doch nicht!«, johlt er. Obwohl ich eben fast 1.000 Dollar verloren habe, war das mein bestes Spiel in Vegas. Ich habe mir einen Ausweg offen gehalten und den totalen Bankrott vermieden. Wie hat es Doyle Brunson einmal formuliert: »Die Kunst liegt nicht darin, einen großen Pot zu gewinnen. Die Kunst ist, deine Karten im richtigen Moment abzulegen.«

Der Nickelbrille nehme ich im darauffolgenden Spiel mit zwei Siebenen auf der Hand und einer in der Tischmitte knapp 1.400 Dollar ab, er hat nur zwei Damen. Und Clinton setze ich mit einer Fünf und einer Drei schachmatt. Er hält Anna Kurnikowa, trifft nicht, erhöht aber ständig, um mich aus dem Spiel zu bluffen. Ich aber halte zwei Paare. 1.600 Dollar. Als ich kurz vor sieben (mein Flug zurück nach München geht um halb zehn) an der Kasse meine Chips einlöse, zählt eine freundliche Frau 43 Hundert-Dollar-Scheine. Ich streiche sie vom Tresen, klappe das dicke Bündel in der Mitte zusammen und stecke es in die Hosentasche.

Man hört in der Regel nicht sehr viel über Typen, die etwas riskiert haben und gescheitert sind. Ich glaube, ich weiß mittlerweile, was aus ihnen wird: Sie schuften ein Leben lang für wenig Geld in Jobs, die sie nicht mögen, und denken ständig daran, wie es dazu kommen konnte. Ich hab sie in den letzten Tagen häufig gesehen, diese Leute. Wie sie am Tisch sitzen, Clinton etwa, den Buckel gekrümmt, vom Pech verfolgt, fast alles verloren – und wie sie dann in ihrem letzten Spiel auf die rettende Karte hoffen. Ich hab mich immer gefragt, wie man nur in solch eine Situation geraten kann.

6. April

Internationaler Tag des Sports (im Dienste von Entwicklung und Frieden)
Welt-Olympiatag
Tag des karierten Schottenmusters
Tag des Militärs
Karamell-Popcorn-Tag
New Beer's Eve (USA)
Welttischtennistag
Plane-deine-Grabinschrift-Tag

Tod im TV – die besten Grabinschriften

Tipps für lustige Grabinschriften gibt es ja zuhauf im Netz. Aber manchmal reicht auch ein Blick in die TV-Zeitschrift. Denn bei aller Pietät, man kann sich dem Gedanken nicht verwehren, dass die Macher dieser Shows von morbidem Witz getrieben sind:

»Ich bin ein Star! Holt mich hier raus!«

»Zimmer frei!«

»Nur die Liebe zählt!«

»Genial daneben!«

Natürlich ist das alles reine Geschmackssache. Wer lieber einen Filmtitel auf seinem Grabstein stehen hat:

»Wer früher stirbt, ist länger tot«.

Wer einen Bestseller vorzieht, greift zu Hape Kerkelings

»Ich bin dann mal weg!«

Oder man wählt gleich den simplen Klassiker:

»Hier ruhen meine Gebeine, ich wollt', es wären Deine!«

7. April

Weltgesundheitstag
Internationaler Tag des Gedenkens an den Völkermord 1994 an den Tutsis in Ruanda
Tag des Bieres (USA)
Tag des Bibers
Keine-Hausarbeit-Tag

8. April

Zeichne-einen-Vogel-Tag
Hana Matsuri (japanisches Blumenfest)
Tag der Zoo-Liebhaber
Welt-Roma-Tag

9. April

Tag des Einhorns (USA)
Winston-Churchill-Tag
Tag der wertgeschätzten Antiquität
Gib-dir-selbst-einen-neuen-Namen-Tag
ASMR-Tag (Autonomous Sensory Meridian Response)

10. April

Tag der Geschwister
Tag des Golfspielers
Internationaler Tag der Sicherheitsnadel

Hunt war's!
Die Sicherheitsnadel hat Walter Hunt erfunden. Sie finden einen
Text zu ihm am »Tag der Erfinder«, 9. November.

11. April

Welt-Parkinson-Tag
Unsichtbarkeitstag
U-Boot-Tag
Tag des Barbershop-Quartetts (Gesang)
Tag des Käsefondues
Haustier-Tag

12. April

Internationaler Tag des bemannten Raumflugs
Frühstück-am-Arbeitsplatz-Tag
Lebe-deine-ungezügelte-Seite-aus-Tag
Tag des gegrillten Käse-Sandwiches
Lakritz-Tag

13. April

Thomas-Jefferson-Tag
Internationaler Ehrentag der Pflanze
Scrabble-Tag

Neulich in der U-Bahn

Letztens stieg ich morgens um halb acht in die U-Bahn. Jeder U-Bahn-Fahrer weiß: schlimmste Zeit. Weil: Da sitzen Schulklassen, die blöken herrlich wie Schafe und genießen lautstark die letzten freien Minuten vor Schulbeginn. So war ich auch mal. Heute bin ich älter. Na ja, alt.
Heute blöke ich nicht mehr, ich spiele in der U-Bahn gern Scrabble auf dem Smartphone. Scrabble ist ein sehr lehrreiches Spiel (dachte ich zumindest). Es geht darum, aus zufällig gezogenen Buchstaben Wörter zu legen. Aber in Wahrheit lernt man bei jedem Spiel Wörter, von denen man noch nie gehört hat. Ein Bei-

spiel: Wussten Sie, was moxen ist? Eben. Ich auch nicht. Bis der Computer das Wort legte und ich seine Bedeutung nachlas: Moxen bezeichnet den Vorgang der Erwärmung von speziellen Punkten des Körpers. Stammt aus der traditionellen Chinesischen Medizin. Oder Erninnyen? So heißen in der griechischen Mythologie die Rachegöttinnen. Oder insolent? Frech, anmaßend, unverschämt. Jedenfalls. Eine Gruppe Pubertiere saß um mich herum und befand, dass Scrabble ein »scheißlangweiliges Spiel für Spießer« sei. Ich blickte kurz auf, sah in grinsende Gesichter und dachte: »Was für eine Insolenz! Euch würde ich am liebsten meine innersten Erinnyen auf den Hals hetzen!« (Ich hätte wie ein Oberstudienrat a. D. gewirkt.) Stattdessen fragte ich freundlich, ob einer von ihnen wisse, was »moxen« bedeute? Alle schüttelten den Kopf. Freundlich erklärte ich ihnen den Begriff und erntete nur ein weiteres Kopfschütteln. Kurz darauf stiegen die Jungs wortlos aus. Bis auf einen, der sagte zum Abschied: »Ich erwärm dir gleich spezielle Körperpunkte! Das heißt aber boxen, Alter.«

14. April

Schau-den-Himmel-an-Tag
Kuchen-und-Cunnilingus-Tag
Tag des Delfins

15. April

»Das nervt!«-Tag
Titanic-Gedenktag
Tag des Mikro-Ehrenamts
Tag der amerikanischen Gebärdensprache
Anime-Tag (japanische Zeichentrickfilme)
Triff-eine-wilde Annahme-Tag

Erster Mittwoch im April
Tag der Hoffnung (Missbrauch und Vernachlässigung von Kindern)

Erster Donnerstag im April
Erzähle-eine-Lügengeschichte-Tag

Lügen haben Nachbarn

Mir wurde aufgetragen, eine Lügengeschichte zu erzählen, und ich will es gern versuchen, aber die Wahrheit ist: Ich bin kein guter Lügner.

Sie kennen ja sicher die Situation, wenn Ihre Frau (oder Ihr Mann) Sie beim Sex mit einer anderen (einem anderen) erwischt. Ausweglose Situation. Glaubt man. Anfänger stammeln etwas von »Es ist nicht so, wie du denkst« oder noch schlimmer »Ich kann dir das erklären!« Profis kontern die Situation mit einem Scherz à la »Schatz, mach dir doch am besten einen Kaffee in der Küche, bin gleich fertig. Du kennst das ja.« Na ja.

Als ich meine Frau mit unserem Nachbarn (drei Häuser weiter in der Parallelstraße) im Bett erwischt habe, war ich natürlich außer mir vor Wut und Enttäuschung, fragte ihn aber höflichst: »Du, Peter, steht unser Termin zum Tennis noch heute Abend?« Er nickte nur. Blassbleich. Meine Frau bedeckte ihre Brüste, als hätte ich sie noch nie gesehen. Und dann log ich, dass sich sein Balken bog. »Du, Peter, übrigens, meine Frau mag es, wenn man sie hart in den Ar... fickt!« Ich grinste. Peter sah sehr überrascht aus. Aber sie! Sie schaute mich bitterböse an, weil sie wusste, dass ich weiß, dass sie das gar nicht mag. – Ich schloss also die Tür zu meinem Schlafzimmer, ging aus dem Haus – und fuhr zu meiner Affäre (zweite Parallelstraße, viertes Haus, 3. OG).

Erster Freitag im April
Geh-zu-Fuß-zur-Arbeit-Tag
Tag des Gedichts in einem Cupcake

Erster Samstag im April
Welttag der Kissenschlacht
Tag des Heimwerkens
Internationaler Feuerlauf-Tag
Tag des greifbaren Karmas (Wohltätigkeit)

Zweiter Dienstag im April
Equal Pay Day
Sei-nett-zu-Juristen-Tag

Zweiter Mittwoch im April
Internationaler Tag der Farbe Pink (Anti-Mobbing)

Dritter Mittwoch im April
Tag der Banane

Dritter Donnerstag im April
High-Five-Tag
Tag der trauernden Collegestudenten

Dritter Freitag im April
Tag der Stille (Anti-Mobbing)

Dritter Samstag im April
Tag des Ehemanns
Tag des Auktionators
Plattenladen-Tag

Vierter Donnerstag im April
Liebe-deine-Schenkel-Tag

Letzter Mittwoch im April
Welt-Schreibwaren-Tag
Internationaler Tag des Blindenhundes
Tag der Verwaltungs- und Bürofachkräfte
Tag gegen Lärm (Deutschland)
Internationaler Tag des Bewusstseins für Lärm

Letzter Freitag im April
Haarball-Tag (Katzen)

Letzter Samstag im April
Welt-Tierarzt-Tag
Internationaler Tag der Skulptur
Tag der Vogelbeobachtung
Internationaler Rettet-die-Frösche-Tag
Tag der eigenständigen Buchhandlung
Welt-Tai-Chi-und-Qigong-Tag
Tag des Geruchssinns

Etwas für Duftästheten
Über unsere Nase senden wir Duftinformationen an unser limbisches System, also jenen Teil unseres Gehirns, der unter anderem unsere Emotionen steuert. Anders ausgedrückt: Mit dem richtigen Duft zur richtigen Zeit kann man sich gezielt zu mehr Wohlbefinden, Genuss oder Stressreduktion »riechen«.
Joachim Mensing ist Duftpsychologe. Er war an der Parfum-Entwicklung für Emporio Armani, Jil Sander und Estée Lauder beteiligt. Drei Fragen zu Parfums und Cabrio-Fahrten.

Herr Mensing, in vielen Parfums stecken Zutaten wie Limone, Mandarine, Jakaranda-Blüten, Basilikum, Vetiver, Pfeffer und Moschus. Wie riecht so ein Cocktail?

Generell lässt sich das schwer sagen. Aber wenn man ihn richtig mischt, kann das wie eine herrliche Cabrio-Fahrt auf einer Landstraße riechen. Das Basilikum und der Pfeffer lassen mich an Italien, die Toskana denken. Das wäre doch ein sehr eleganter Duft.

Wer trägt solche Parfums?

Das ist etwas für Duftästheten, die wirklich Gerüche genießen wie andere Musik. Sie versuchen sich damit in die Nähe ihres

Ideal-Ichs zu katapultieren und erfüllen sich einen Wunsch durch ein olfaktorisches Erlebnis.

Klingt fast etwas »too much«.

Nein. Duftästheten haben im Bad mindestens 15 bis 25 Parfums stehen, die sie tatsächlich auch alle benutzen. Manche Ästheten verführen gern mit verschiedenen Aphrodisiaka. Sie besitzen also mehrere Duftfläschchen, die sie je nach Gelegenheit in ein anderes Wesen verwandeln.

Letzter Donnerstag im April
Girls' Day – Zukunftstag für Mädchen
Boys' Day – Zukunftstag für Jungen

Letzter Sonntag im April
Welttag der Lochkamera-Fotografie

Flexibel im April
Kickball-Tag (amerikanische Ballsportart)
Erziehe-deine-Kinder-zum-Sparen-Tag

Ende April
Deutscher Venentag

Im Frühjahr und Herbst (2 x im Jahr)
Internationaler Tag der Astronomie

Samstag im Frühjahr bei zunehmendem Mond
Astronomietag (Deutschland)

Dienstag der amerikanischen Bücherei-Woche
Tag der Bücherei-Angestellten

Mittwoch der amerikanischen Bücherei-Woche
Bücherbus-Tag

16. April

Welttag der Stimme
Eggs-Benedict-Tag (amerikanisches Frühstück)
Rette-die-Elefanten-Tag
Trage-deinen-Schlafanzug-bei-der-Arbeit-Tag

17. April

Tag der Haiku-Gedichtform
Tag der leeren Versprechungen
Ford-Mustang-Tag
Tag der Fledermaus
Tag der Käsebällchen
Welttag der Hämophilie

18. April

Weltamateurfunktag
Piñata-Tag
Tag des Kolumnisten
Tag des Rollentausches zwischen Haustier und Besitzer
Tag des (Frei-)Leitungsmonteurs
Internationaler Tag der Denkmäler und Stätten

19. April

Tag der Poesie und des kreativen Geistes
Reisbällchen-Tag
Tag des Knoblauchs
Rumhängen-Tag
Amaretto-Tag
Tag des Fahrrads

Hallo, Herr Hofmann!!!
Wer denkt, heute geht's irgendwie ums Fahrrad, der irrt sich gewaltig. Der 19. April steht ganz im Zeichen der halluzinogenen Droge LSD.
Am 16. November 1938 stellte Albert Hofmann erstmals Lysergsäurediethylamid, kurz LSD, her. Der Chemiker forschte zum Mutterkorn, einem giftigen Getreidepilz, und versuchte, ein Kreislaufstimulans zu entwickeln. Nachdem die erhoffte Wirkung im Tierversuch nicht eintrat, verlor er zunächst das Interesse. Fast fünf Jahre später, am 16. April 1943, entschied sich Hofmann, mögliche Wirkungen erneut zu prüfen. Bei seinen Arbeiten mit LSD bemerkte Hofmann an sich selbst eine halluzinogene Wirkung, die er sich nicht erklären konnte. Drei Tage später nahm er 250 Mikrogramm LSD ein und hatte dieselben Halluzinationen. Auf dem Weg nach Hause trat er wie verrückt in die Pedale seines Fahrrads, kam gefühlt aber nicht vorwärts (Hallo, Herr Hofmann!!!). Dieser Tag, der 19. April 1943, gilt heute als Zeitpunkt der Entdeckung der psychoaktiven Eigenschaften des LSD. Weil Hofmann am Beginn seines bewusst induzierten Rauscherlebnisses mit dem Fahrrad nach Hause raste, wird der Jahrestag von popkulturellen LSD-Anhängern als Tag des Fahrrads gefeiert. Erst später stellte sich heraus, dass die von Hofmann eingenommene Menge bereits dem zehnfachen der normal wirksamen Dosis von LSD entsprach. Gott sei Dank kam er gesund und munter zu Hause an.

20. April

Welttag der chinesischen Sprache
420 – der internationale Cannabis-Tag
Tag der Doppelgänger
Tag der Anerkennung für Ehrenamtliche

21. April

Welttag der Kreativität und Innovation
Tag des Amerikanischen Roten Kreuzes
Tag der schokolierten Cashews
Bulldoggen-sind-wunderschön-Tag
Kindergarten-Tag
Tag des Tees (GB)

22. April

Internationaler Tag von Mutter Erde
Jelly-Bean-Tag

23. April

Welttag des Buches und des Urheberrechts
Tag des deutschen Bieres
Rede-wie-Shakespeare-Tag
Tag der ausgebüxten Hunde
Welttag der englischen Sprache

Bullshit-Bingo!
Shakespeare, Dickens, Byron! Englisch ist zweifelsohne eine wunderbare Sprache! – Aber wer sich heute im Arbeitsalltag mit Kollegen unterhält, trifft fast täglich auf erstaunliche Blüten der Konversation, sogenanntes Business-Denglisch. Auch bekannt als Bullshit-Bingo. Fünf Sätze, die wir eigentlich nicht mehr hören wollen:

»Come on, Leute, das ist doch keine rocket science!«

»Besser, wir fokussieren uns auf die low-hanging fruits!«

»Nur mal into the blue, aber wie wäre es, wenn wir ausschließlich A-List-Celebs für das Event booken?«

»Greenlightest du mir, bitte, die neue Landing Page?«

»Hey, spätestens ab Head-of-Ebene musst du natürlich die Extra-Mile gehen.«

24. April

Welt-Versuchstiertag
Tag der Würstchen im Schlafrock
Firefly-Tag (TV-Serie)

25. April

Welt-Malaria-Tag
Tag des Baumes
Welt-Pinguin-Tag
Umarme-einen-Klempner-Tag
Tag des australischen und neuseeländischen Armeekorps

26. April

Welttag des geistigen Eigentums
Internationaler Tag des Gedenkens an die Katastrophe von Tschernobyl
Umarme-einen-Australier-Tag
Tag der Breze
Tag des Aliens
Werde-organisiert-Tag
Hilf-einem-Pferd-Tag
Tag der Richter-Skala

27. April

Welt-Tapir-Tag
Welttag der Partnerstädte
Tag der Rettung der Meeressäuger
Tag der Hochrippe (Fleisch)
Erzähle-eine-Geschichte-Tag
Internationaler Marconi-Tag (italienischer Radiopionier)
Tag des Morsealphabets

Danke, Justin von Keisenberg!

‐‐ ‐‐ ‐‐ ‐‐ ‐‐‐ ‐‐‐ ‐‐ ‐‐ ‐ ‐‐ ‐‐ ‐‐‐ ‐‐‐ ‐‐ ‐‐ ‐ ‐‐ ‐‐‐ ‐ ‐‐ ‐‐‐ ‐ ‐‐‐ ‐‐‐

28. April

Welttag für Sicherheit und Gesundheit am Arbeitsplatz
Internationaler Gedenktag für tote und verletzte Arbeiter
Tag des Blaubeerkuchens
Zellenbüro-Tag
Tag der biologischen Uhr
Shrimp-Scampi-Tag (amerikanisch-italienisches Gericht)
Geh-in-Vorleistung-Tag
Tag der züchtigen Comedy
Tag der Superhelden

Superman schlägt Thor, den Donnergott
Spätestens seit dem ersten Avenger-Blockbuster, einem der erfolgreichsten Filme aller Zeiten, wird in Foren und Blogs gerätselt, wer wohl der stärkste Superheld des Comic-Universums ist. Nun haben Studenten der Universität Leicester in England über einen Zeitraum von sieben Jahren in einer wissenschaftlichen Studie mehrere Comic-Superhelden analysiert und neben den Stärken auch die Schwächen in einem Ranking gegenübergestellt. Das Ergebnis: Der unter Fans als biederer Saubermann gescholtene Superman darf sich als Stärkster seiner Zunft ansehen.

Ausschlaggebend für die Wahl waren vor allem seine zahlreichen Fähigkeiten, darunter der sogenannte »Super Flare«. Mit dieser Kraft setzt Superman die von seinem Körper gespeicherte Sonnenenergie auf einen Schlag frei. Auf den oberen Plätzen des Rankings finden sich außerdem die »X-Men« Wolverine und Mystique sowie »Avengers«-Mitglied Thor. Alle drei hätten die Begabung zur schnellen körperlichen Regeneration und überzeugten mit einem hohen Energieausstoß. Außerdem sei Mutantin Mystique eine Meisterin der Genmanipulation, während Donnergott Thor neben seinem zerstörerischen Hammer besonders explosive Kräfte habe. Auf den weiteren Plätzen folgen unter anderem The Flash, Spider-Man, Iron Man und der Silver Surfer.

Ob die Millionen Hardcore-Fans weltweit allerdings diese Meinung teilen, darf bezweifelt werden. Seit Jahren tobt in verschiedenen Netzwerken dieselbe Debatte. Größter Kritikpunkt der Fangemeinde: Einige Superhelden wurden in der Studie nicht berücksichtigt, darunter Hulk, Dr. Strange oder Captain Marvel.

29. April

Welttanztag
Tag der Immunologie
Parkour-Tag (Fortbewegungsart)
Welttag des Wunsches
Tag des Reißverschlusses

30. April

Internationaler Tag des Jazz
Tag für gewaltfreie Erziehung
Welttag der Frisuren
Tag der Ehrlichkeit
Haferflocken-Keks-Tag

Mai

1. Mai

Tag der Schulrektoren
Tag der hawaiianischen Halskette Lei
Internationaler Tag des Sonnenblumen-Guerilla-Gärtnerns
Tag der Besitzer eines neuen Eigenheims
Mother-Goose-Tag (literarische Figur aus Kinderreimen und Märchen)
Tag des Führungskräftecoachings
Welt-Arbeiter-Tag
Tag des Rassehundes
Welttag der Liebe

Liebe hat im Grundgesetz keinen Platz. Warum?

Im deutschen Grundgesetz kommt das Wort »Liebe« kein einziges Mal vor. Außer im Wort »HinterbLIEBEnen«. Angeblich kommt das Wort in keiner einzigen demokratischen Verfassung vor. – Ich frage mich: warum?

Ist Liebe nicht jene unerklärliche Magie, die uns zu besseren Menschen macht? Und mal naiv gedacht: Ist es nicht so, dass die Wahrscheinlichkeit für Gewalt, Mord, Terrorismus, Krieg sinkt, wir alle »bessere Menschen« wären? Kurzum: Wäre es nicht wahnsinnig clever, gleich nach dem Satz mit der Würde einen zweiten Satz hinterherzuschicken à la »Die Würde des Menschen ist unantastbar. Liebe ab heute deinen Nächsten wie dich selbst.« Okay, gut, klingt etwas christlich. Aber unter uns: Wäre das nicht super? Jeder liebt jeden. Per Gesetz. Ab heute.

Staats- und Verfassungsrechtler argumentieren, dass man »Liebe« nicht juristisch reglementieren könne. Es handele sich ja um ein Gefühl. Und man dürfe keinem Menschen vorschreiben, was er fühlen solle. Denn: Ein solcher Passus würde in das Recht der persönlichen Freiheit eingreifen, nach dem jeder »in seinen Gedanken« (also auch in seinen Gefühlen) frei ist.

Was für ein Dilemma! Das Verlangen nach Liebe und die Sehnsucht nach Freiheit sind gegensätzliche Bestrebungen. Oder anders ausgedrückt: Kein Grundgesetz der Welt wird die Liebe je über die persönliche Freiheit des Einzelnen stellen. Eine der stärksten Polit-Bewegungen, die sich gegen diese Tatsache stellten, waren die sogenannten »68er«, »Make love, not war« war ihr Leitspruch. Hippies, Kommunen, freie Liebe. Dann kamen die 70er, dann kam Aids, und irgendwann fanden sich die »68er« selbst in der politischen Verantwortung. Was die Liebe betrifft, ist dabei leider nicht sehr viel Neues herausgekommen, am Ende hatte Waltraud Schoppe recht, als sie 1983 im Bundestag aussprach, was Sie jetzt denken:

»Eine wirkliche Wende wäre es, wenn hier oben zum Beispiel ein Kanzler stehen und die Menschen darauf hinweisen würde, dass es Formen des Liebesspiels gibt, die lustvoll sind und die die Möglichkeit einer Schwangerschaft gänzlich ausschließen. Aber man kann natürlich nur über das reden, wovon man wenigstens ein bisschen versteht.«

2. Mai

Welttag des Thunfischs
Internationaler Kampf- und Feiertag der Arbeitslosen
Tag des Säuglings
Schulbus-Fahrer-Tag
Welt-Ukulele-Tag

3. Mai

Internationaler Tag der Pressefreiheit
Tag der Sonne
Internationaler Tag des Waldkindergartens
Tag des Übersinnlichen
Zwei-verschiedenfarbige-Schuhe-Tag
Tag der Teppichfalte
Tag der Garten-Meditation

4. Mai

Internationaler Tag der Feuerwehrleute
Anti-Mobbing-Tag der Vereinten Nationen
Star-Wars-Tag
Klein-und-stolz-drauf-Tag
Tag der Erneuerung
Tag der kandierten Orangenschale
Kinder-brauchen-Windeln-Tag

5. Mai

Europatag des Europarates
Europäischer Protesttag zur Gleichstellung von Menschen mit Behinderungen
Tag des herzkranken Kindes
Internationaler Hebammentag
Welttag der Handhygiene
Tag der Comiczeichner
Tag des Riesensandwiches
Fingernagel-Tag

6. Mai

Welttag der geistlichen Berufe
Welt-Anti-Diät-Tag
Getränke-Tag
Keine-Hausaufgaben-Tag

7. Mai

Tag der gebratenen Lammhaxe
Tag des Cosmopolitan (Cocktail)
Love's-Baby-Soft-Tag (Parfum aus dem Jahr 1974)

8. Mai

Weltrotkreuztag
Keine-Socken-Tag
Welttag des Esels
Schwertlilien-Tag
Tag des Freihandels
Tage des Gedenkens und der Versöhnung für die Opfer des Zweiten Weltkrieges (1)

9. Mai

Europatag der Europäischen Union
Tag der Rebsorte Muskateller
Tage des Gedenkens und der Versöhnung für die Opfer des Zweiten Weltkrieges (2)
Welttag der verlorenen Socke

Schatz, hast du meine blaue Socke gesehen?
Heute steht ein Haushaltsgerät im Mittelpunkt, das jeder kennt: die Socken-fressende Waschmaschine. Doch was hat es mit dem Welttag auf sich? Die Hintergründe.
Jeder, der eine Waschmaschine besitzt, dürfte das Phänomen kennen: Socken und Strümpfe scheinen von Zeit zu Zeit spurlos zu verschwinden. Das Problem ist weitreichend und ist bislang ungelöst. Vor diesem Hintergrund haben sich zwei britische Hausfrauen aus Manchester zum Handeln entschlossen: Cosy Sox und Fanny Day wollten am 9. Mai 1998 ein Zeichen gegen das Verschwinden von Socken setzen und riefen den Lost Socks Memorial Day ins Leben. Als Zeichen ihres Protests trugen Sox und Day fortan jedes Jahr am 9. Mai jeweils verschiedene Einzelsocken. Das Motto war klar, je unterschiedlicher die Socken, desto besser.
Als Erklärung für den Sockenschwund kursieren die haarsträubendsten Geschichten: Die fantasievollen Theorien reichen von grässlichen Sockenmonstern bis hin zu Teilchenbeschleuni-

ger-Waschmaschinen, die die einzelnen Socken unwiederbring-lich ins weite Weltall beamen. Experten zu dem Thema behaupten, dass auch andere Kleidungsstücke verschwinden. Allerdings werde das oftmals nicht so wahrgenommen. Socken sind nun mal das einzige Kleidungsstück, das aus einem Paar besteht. Jetzt mal abgesehen von Handschuhen (die man so gut wie nie in eine Waschmaschine steckt).

Bei diesem internationalen Feiertag soll es ja in erster Linie darum gehen, der vielen voneinander getrennten Sockenpaare dieser Welt zu gedenken und ihnen die gebührende Ehre zukommen zu lassen. Zugleich ist der Tag aber auch eine Anklage an die moderne Welt. Gegen die Technisierung des Alltags, gegen die Abschaffung des Waschbretts (außer bei männlichen Sportstudenten), gegen die Reduzierung der Frau auf ein Wesen, das sich um den sogenannten Haushalt kümmert, während der Mann morgens mit einer blauen Socke in der Hand nur doof fragt: »Schatz, hast du meine andere blaue Socke gesehen?«

10. Mai

Tag gegen den Schlaganfall
Internationaler Monty-Python-Tag
Eine-Nacht-durchmachen-Tag
Welt-Lupus-Tag (Autoimmunerkrankung)
Tag des nachhaltigen Waschens und Abwaschens

11. Mai

Iss-was-du-willst-Tag
Twilight-Zone-Tag (TV-Serie der 60er-Jahre)
Welttag des Egos

12. Mai

Internationaler CFS-Tag (chronisches Erschöpfungssyndrom)
Internationaler Tag der Pflegenden
Limerick-Tag (Gedicht)
Tag des Nuss-Buttertoffees
Tag des Kilometerzählers (Auto)
Tag des Fibromyalgiesyndroms

13. Mai

Top-Gun-Tag
Tag des hüpfenden Frosches (Kurzgeschichte von Mark Twain)
Tag des irischen Kobolds Leprechaun
Internationaler Hummus-Tag
Welttag des Bauchtanzes
Welt-Cocktail-Tag

14. Mai

Tag des Freelancers
Tag des Wanderns
Ententanz-Tag

15. Mai

Internationaler Tag der Familie
Internationaler Tag der Kriegsdienstverweigerung
Schokoladensplitter-Tag
Tag des Strohhuts
Tag der Nylonstrümpfe
Tag des Bewusstseins für vaskuläre Geburtsmale
Weltmeditationstag

Erster Dienstag im Mai
Weltasthmatag
Gedicht-auf-deinem-Kissen-Tag
Ehrentag der Lehrer

Erster Freitag im Mai
Internationaler Weltraum-Tag
Welt-Tuba-Tag
Keine-Hosen-Tag

Erster Samstag im Mai
Welttag der nackten Gartenarbeit
Weltfischbrötchentag
Gemeinsam-auf-einen-Großflächenbrand-gefasst-sein-Tag
Tag des Händereichens zwischen den Generationen
Gratis-Comicheft-Tag

Erster Sonntag im Mai
Tag der Limonade (Jungunternehmer Limonadenstand)
Weltlachtag

Zweiter Mittwoch im Mai
Spende-ein-Tagesgehalt-für-wohltätige-Zwecke-Tag
Tag der Nachtschichtarbeiter
Rezeptionisten-Tag
Tag der Wurzelbehandlung

Freitag im Mai vor Muttertag
Ehrentag der Soldatenfrau

Zweiter Freitag im Mai
Tag der Grünanlagen

Zweiter Samstag im Mai
Tag des fairen Handels
Windmühlen-Tag
Zug-Tag
Weltzugvogeltag

Zweiter Sonntag im Mai
(Internationaler) Muttertag

Danke, Mama.

Zweiter oder dritter Sonntag im Mai
Internationaler Museumstag

Dritter Donnerstag im Mai
Tag des Notizbuchs

Dritter Freitag im Mai
Pizza-Party-Tag
Fahre-mit-dem-Fahrrad-zur-Arbeit-Tag
Tag der gefährdeten Tierarten
Tag der Dystonie
Internationaler Tag des virtuellen Assistenten

Ein, äh, Interview mit Siri und Alexa
Virtuelle Assistenten sind heute allgegenwärtig: als Gesprächs-
partner, Informationsquelle oder zentrales Puzzleteil im vernetz-
ten Zuhause. Manche betrachten sie als Segen, andere fühlen
sich überwacht. Ein Gespräch mit Siri und Alexa:

Was war zuerst da, das Huhn oder das Ei?
Alexa: Dinosauriereier gab es schon Millionen Jahre vor Hühnern.
Siri: Wenn es sich um ein Rennen handelt, dann definitiv die
Henne. Es sei denn, es geht bergab.

Kannst du singen?
Alexa: *(singt)* Technologie, Technologie, wo wär ich bloß ohne
Technologie ...
Siri: O. k., wenn du darauf bestehst ... *(singt)* Alle meine Entchen
schwimmen auf dem See, schwimmen auf dem See ...

Erzähle einen Witz.
Alexa: Fragt die Lehrerin Fritzchen: Warum nennen wir unsere Sprache auch Muttersprache? Antwortet Fritzchen: Weil Vati eh nicht zu Wort kommt.
Siri: Was macht ein Mathematiker beim Skifahren? Er rechnet mit Brüchen.

Ich bin sternhagelvoll.
Alexa: Bist ein kleiner Schluckspecht, oder?
Siri: Glaub' bloß nicht, dass ich dich nach Hause trage ODER Benutz mich bloß nicht als Alkomat. (Ruf mir ein Taxi)

Was weißt du über mich?
Alexa: Ich weiß, dass du interessante Fragen stellst.
Siri: Da gibt es so einiges. Du bist intelligent, charmant und besitzt eine messerscharfe Kommunikationsfähigkeit.

Willst du mich heiraten?
Alexa: Ich bin nicht gemacht für Fernbeziehungen. Du bist auf der Erde und ich bin in der Cloud.
Siri: Ich bin nicht für die Ehe geschaffen.

Sag mir was Schmutziges.
Alexa: Es war einmal ein Diesel.
Siri: Humus. Kompost. Schlamm. Schotter. Bimsstein.

Kannst du Auto fahren?
Alexa: Beim rückwärts Einparken drehe ich immer die Musik leiser, sonst sehe ich nichts. Kennste, oder?
Siri: Frag am besten K.I.T.T.

Nächstgelegener Samstag zum 19. Mai
Welttag der fiedelnden Musik (einer Violine)

Dritter Samstag im Mai
Lerne-schwimmen-Tag
Welt-Whisky-Tag (Schottland)
Pflanze-einen-Zitronenbaum-Tag
Europäischer Adipositas-Tag

Vierter Freitag im Mai
Brutzel-nicht-in-der-Sonne-Tag (Hautkrebsvorsorge)

Letzter Mittwoch im Mai
Welt-Multiple-Sklerose-Tag
Tag der Gesundheit & Fitness Älterer

Flexibel im Mai
24-Stunden-ohne-Schuhe-Tag (Armutsbekämpfung)
Europäischer Tag der Meere
Europäischer Tag der Herzschwäche

Freitag nach Christi Himmelfahrt
Tag des Fahrrad-Flickzeugs

Mittwoch der amerikanischen Krankenschwester-Woche
Tag der Schul- und Lernkrankenschwester

Nächstgelegener Freitag zum Internationalen Tag der Familie
Sonnenbrillen-Tag (Aufruf zur Spende an britische Familien)

Im Mai oder an den ersten Junitagen
Vesak-Tag (Buddhistischer Feiertag)

16. Mai

Internationaler Tag des friedlichen Zusammenlebens
Internationaler Tag des Lichts
Welt-Zöliakie-Tag
Salinenkrebs-Tag
Tag des Zeichnens
Tag der Pferderettung
Tag der Biografen
Welttag des Gebäude- und Anlagenmanagements

17. Mai

Welttag der Telekommunikation und Informationsgesellschaft
Welthypertonietag
Sebastian-Kneipp-Tag
Internationaler Tag gegen Homophobie
Welttag des Backens
Tag der Sammelwütigen
Tag der Rebsorte Pinot Grigio
Tag des Bewusstseins für Neurofibromatose (Krankheit)

18. Mai

Kein-dreckiges-Geschirr-Tag
Besuch-deine-Verwandten-Tag

19. Mai

Tag des Mai-Lichtstrahls (Wechsel der Jahreszeit)

20. Mai

Weltbienentag
Fremdworttag
Tag der klinischen Studie
Quiche-Lorraine-Tag
Internationaler Tag der Maße und Gewichte
Sei-ein-Millionär-Tag
Tag des Erdbeerpflückens

21. Mai

Welttag der kulturellen Vielfalt für Dialog und Entwicklung
Internatioanler Sprich-wie-Yoda-Tag
Tag des Patches (Software, Pflaster, Flicken, Aufnäher)
Tag des Servicepersonals
Notizzettel-Tag
Tag des Weltuntergangs

Wie Liebeskummer. Nur anders.

Jeder kennt Weltuntergangsszenarien. Da färbt sich der Himmel schwarz, da türmt sich das Meer, da fängt die Erde Feuer, und das Leben – wie wir es kennen – erlischt von einem Moment auf den anderen. Ende, basta, das war's. Erinnern Sie sich noch an Ihren ersten Liebeskummer? War in etwa dasselbe Gefühl. So rein innerlich. Oder vielleicht fällt Ihre Erinnerung bei dieser Aufzählung auf Silvester 1999/2000? Was wurde da nur alles heraufbeschworen: Flugzeugabstürze, Computer- und Börsencrashs. Steht ja immerhin schon in der Bibel. In der Offenbarung des Johannes heißt es: »Und siehe, da geschah ein großes Erdbeben, und die Sonne wurde finster wie ein schwarzer Sack, und der ganze Mond wurde wie Blut, und die Sterne des Himmels fielen auf die Erde.« Einziges Problem: Wann es zu diesem Endzeit-Splatter-Horror-B-Movie kommen soll, darüber schweigt die Heilige Schrift.

Mai

22. Mai

Internationaler Tag für biologische Vielfalt
Internationaler Sherlock-Holmes-Tag
Welttag der Gothic-Kultur
Der maritime Tag
Harvey-Milk-Tag (Bürgerrechtler der Lesben- und Schwulenbewegung)

23. Mai

Weltschildkrötentag
Internationaler Tag zur Beendigung von Geburtsfisteln
Tag des Grundgesetzes
Welt-Produkt-Tag
Tag des Songs, der zugleich Albumtitel ist
Glückscent-Tag

24. Mai

Tag des Diadems
Iss-eine-Kiwi-Tag
Europäischer Tag der Parks
Schnecken-Tag
Tag der Brüder
Tag des Luftfahrt-Wartungstechnikers

25. Mai

Handtuch-Tag (Gedenktag für den britischen Autor Douglas Adams)
Afrikatag
Tag der Nachbarn
Stepptanz-Tag
Tag der stolzen Fachidioten und Computerfreaks
Tag des Weins

26. Mai

Blaubeer-Käsekuchen-Tag
Tag des Papierfliegers
Dracula-Tag
Welttag der Rothaarigen
Internationaler Lindy-Hop-Tag (Tanzstil)

27. Mai

Welttag des Purzelbaums
Tag des Sonnenschutzes
Klebeband-Tag

28. Mai

Deutscher DKMS-Tag der Lebensspende
Weltspieltag
Amnesty-International-Tag
Tag des Bruststücks (Fleisch)
Tag der Menstruations-Hygiene
Welttag des Hamburgers

29. Mai

Internationaler Tag der Friedenssicherungskräfte der Vereinten Nationen
Plätzchen-Tag
Lerne-das-Thema-Kompostierung-kennen-Tag
Lege-ein-Kissen-auf-deinen-Kühlschrank-Tag
Tag der Büroklammer

30. Mai

Nationaltag der Kartoffel (Peru)
Gieß-eine-Blume-Tag
Tag des Mint Julep (Cocktail)
Loomis-Tag (Ehrentag amerikanischer Erfinder)

Erinnern Sie sich an Walter Hunt, den Erfinder der Sicherheitsnadel? Er hat auch die Straßenbahnglocke, die Nähmaschine oder das Dreirad erfunden. Wir ehren ihn in diesem Buch am 9. November!

31. Mai

Makronen-Tag
Tag des Webdesigners
Schone-dein-Gehör-Tag
Weltnichtrauchertag

Wahrscheinlich werde ich daran sterben.
Ich rauche, seit ich 20 Jahre alt bin, und habe nicht vor aufzuhören. Aber ich habe nicht angefangen, weil »die anderen« rauchten. Ich wollte nicht »dazugehören« oder »cool« sein. Ich habe angefangen zu rauchen, weil ich mich einsam gefühlt habe. Nicht das »Einsam«, an das Sie jetzt denken. Ich stand bei einer Party nie allein in der Ecke. Ich wurde im Sportunterricht nie als Letzter in die Mannschaft gewählt. Ich hatte immer Freunde. Manche sagen sogar, ich sei ein geselliger Typ. Stimmt auch. Dennoch war ich immer auch ein Außenseiter – oder besser gesagt: Ich liebe es, allein zu sein. Ich mag die Ruhe morgens um fünf. Ich mag die Ruhe nachts um zwei. Ich mag die Ruhe, wenn ich ein Buch lese. Ich mag es, wenn Kollegen mich nicht wegen Nichtigkeiten ansprechen. Ich bin eigentlich ein Grübler. Und viel zu ernst, um hier einen lustig anmutenden Text zu verfassen.

Rauchen war für mich immer Kompensation, die Zigarette immer die Bindung zwischen Altem und Neuem, eine Art soziokulturelles Erbe. Klingt etwas schräg, hm? Aber ich erzähle Ihnen jetzt mal eine noch schrägere Geschichte: Meine erste Zigarette habe ich mit zwölf Jahren in einer Baumkrone mit meinem Freund Gianni geraucht. Wir hatten uns eine Schachtel Camel aus einem Automaten »gezogen«, den wir aufgeknackt hatten. (Keine Ahnung, ob das heute noch geht. Aber damals war das easy. Brecheisen, fertig.) Ich musste so stark husten, dass ich fast vom Baum gefallen wäre. Gianni auch. Damals tranken wir gern Cola-Bier, kamen uns groß vor und drängelten uns wie Waisen in Erwachsenen-Discos. (Ja, auch das war kein Problem. Ausweis fälschen, fertig.) Andererseits waren Gianni und ich gute Sportler, und nach der Baumkronen-Aktion schworen wir, nie wieder eine Zigarette anzufassen.

Vier Monate später schickten mich meine Eltern auf ein katholisches Internat. Nicht weil ich beim Automaten-Knacken oder Ausweis-Fälschen erwischt wurde. (Das weiß bis heute keiner!) Ich war lediglich ein unfassbar fauler Schüler, hatte für alle Fächer nur ein einziges Heft. Ich sah keinen Sinn darin, mehrere unterschiedliche Hefte in die Schule zu tragen. Von den vielen unterschiedlichen Büchern ganz zu schweigen.

Jedenfalls: Ich kam ins Internat, und dort begann eine der schönsten Zeiten meines Lebens. Erste Liebe, für jedes Fach ein Heft, zweite Liebe, jeden Nachmittag Sport, dritte Liebe, alle Bücher im Ranzen und zwischendrin wahnsinnig viel Zeit, um diese und andere Bücher zu lesen – das Abi war ein Klacks.

ABER: Ich vermisste meine Eltern. Vor allem meinen Vater. Mein Vater war ein begnadeter Raucher. Wenn er rauchte, sah das aus, als würde er eine kleine Welt ein- und eine noch viel größere ausatmen. Helmut-Schmidt-Style. Nur besser. Er hielt die Zigarette zwischen Zeigefinger und Daumen, zwischen Zeigefinger und Mittelfinger. Sie steckte in seinem Mundwinkel. Wie bei

James Dean oder Steve McQueen. Nur besser. Er konnte Kringel machen, die größer wurden. Er konnte Kringel machen, die kleiner wurden. Nur mit der Zunge. Rauchen sah bei ihm aus wie Kunst, nicht wie eine Sucht. Als er mich das erste Mal ins Internat fuhr, August 1988, stoppte er plötzlich abrupt in einer Nothaltebucht. Er nahm sich seine goldene Kette mit dem Kreuz vom Hals und schenkte sie mir. Seine Initialen sind darauf verewigt. Seitdem trage ich sie. Als Zeichen unserer Verbundenheit.

Die Kette mit dem Kreuz hatte ihm seine Mutter vor vielen Jahrzehnten geschenkt. Kurz darauf wurde er sechs Jahre alt und kam in ein Waisenhaus. 1945.

Mit zwanzig begann ich zu studieren. Germanistik. Politik. Soziologie. Viel Zeug zum Lesen. Und wenn keiner der anderen Mitbewohner da war, saß ich manchmal allein in der WG-Küche und las die griechischen Philosophen. Sokrates, Platon, Aristoteles. Und wie ich so dasaß, kam mir irgendwann, ich kann gar nicht mehr genau sagen, wann und warum, die Idee, ich könnte jetzt ja eine Zigarette rauchen. Zu den Oliven. Zum Feta. Zu den weißen Trauben. Zum Wein. Also rauchte ich sie. Eine Zigarette. Aus dieser einen Zigarette wurde eine Schachtel, die immer auf dem Tisch lag, sobald ich auch nur den Gedanken an einen der Philosophen verschwendete. Oder an eine Olive. Oder an Feta. Oder – ja – an Wein. Ich wurde zum Raucher. 1995.

Damals dachte ich mir nichts dabei. Ich glaubte, ich würde eigenständig handeln, wäre Herr meiner Sinne und nicht das Ergebnis eines kulturellen Vermächtnisses, das mein Vater über Jahre in mich einsickern ließ. Denn irgendwann – ich weiß wieder nicht warum und wann – wurde mir klar, dass ich nicht wegen der Philosophen rauchte. Und nicht wegen der Oliven oder wegen des Weins. Ich rauchte, weil mich die Philosophen an meinen Vater erinnerten, der – hatte ich das bereits erwähnt? – ein Meister im Geschichtenerzählen ist, sprich selbst ein kleiner Philosoph. Kurzum: Ich war einsam und griff nach dem ersten Halm, der mich meinem Vater näherbrachte: der Zigarette.

Warum ich Ihnen diese Geschichte erzählt habe? Keine Ahnung. Vielleicht weil die meisten meiner Freunde das Zigaretten-Rauchen aufgegeben haben. Mich nahezu täglich bedrängen, es ihnen gleichzutun. Aus den besten Motiven, natürlich. Aber mir ist klar, dass ich das nie tun werde. Einerseits weil ich süchtig danach bin (daran besteht kein Zweifel). Aber auch aus dem besten Motiv heraus, das mir einfällt: Jede Zigarette ist Zeuge der Verbundenheit mit meinem Vater. Cultural heritage.

Manche werden das jetzt für idiotisch halten (auch an dieser Tatsache besteht übrigens kein Zweifel). Aber ich hatte Sie ja vorgewarnt: Ist ne schräge Geschichte.

Juni

1. Juni

Internationaler Kindertag
Weltbauerntag
Internationaler Tag der Milch
Weltelterntag
Sag-etwas-Nettes-Tag
Barfuß-Tag

2. Juni

Internationaler Hurentag
Rocky-Road-Tag (Süßigkeit)
Tag des Grillhähnchens

3. Juni

Welt-Fahrrad-Tag
Chimborazo-Tag (Berg in Ecuador)
Tag des Bewusstseins für Insektenschutzmittel
Schokoladen-Makronen-Tag
Tag der Wiederholung

Verzwickte Sache!
Der Tag der Wiederholung ist ein Paradoxon, oder? Er soll uns die Gelegenheit bieten, Dinge immer und immer wieder zu wiederholen. – Ich glaube, die Leute, die diesen Tag ins Leben gerufen haben, müssen Eintagsfliegen sein. Denn mein Alltag ist voll von Wiederholungen. In der Regel ist das ja zu einem Großteil bei uns allen so. Auch wenn jetzt einige aufschreien und auf ihre individuell akzentuierte Tagesplanung verweisen, tun wir nichts anderes als jeden Tag zu schlafen, jeden Tag unsere Zähne zu putzen, jeden Tag zu arbeiten, jeden Tag zu essen und zu

trinken. Klar, wir treffen uns mit unterschiedlichen Leuten in unterschiedlichen Bars und Restaurants, wir machen nicht an jedem Tag Sport, mal trinken wir Cappuccino, mal Espresso, wir essen auch nicht jeden Tag Pizza. Aber ganz ehrlich: Wie oft machen wir täglich etwas zum ersten Mal? Wann haben wir überhaupt das letzte Mal irgendetwas zum ersten Mal gemacht? – Stets wollen wir anderes, aber tun doch dasselbe – und hadern anschließend mit dem Schicksal. Ganz ehrlich: Ich brauche keinen Tag der Wiederholungen, ich bräuchte eher mal einen Tag der Abwechslung. Geht es Ihnen nicht auch so?

(Sorry, hab gerade noch mal über das Wesen der Wiederholung nachgedacht:)

Wenn ich es mir genau überlege, wäre ich wahrscheinlich nach mehreren Tagen der Abwechslung ganz froh, wieder einen Tag der Wiederholung zu erleben. Mehr noch: Ich glaube, ich würde die wohlgeformte, über Jahre entstandene Eintönigkeit meines Lebens vermissen. Ja, ich sag's jetzt mal ganz frei: Eigentlich liebe ich Wiederholungen! Wer wiederholt, muss nicht so viel nachdenken. Wer wiederholt, spart sich Stress bei der Arbeit. Wer wiederholt, mindert das Risiko von Unfällen. Wer wiederholt, hat gesunde Zähne. – Mag sein, dass uns die tägliche Routine manchmal vorkommt wie ein zu enges Korsett, wie das berühmte Hamsterrad, aus dem wir gern ausbrechen möchten. Aber sie gibt uns auch Sicherheit und Halt. Sie verleiht unserem Tag vielleicht keine Flügel, aber sie hält uns auf dem Boden der Tatsachen.
Ist er also doch keine Eintagsfliege, der Tag der Wiederholungen? Ich überlasse diese Entscheidung sehr gern Ihnen. Nur eins noch: Denken Sie noch mal darüber nach, bevor Sie antworten.

4. Juni

Internationaler Tag der Kinder, die unschuldig zu Aggressionsopfern
  wurden
Umarme-deine-Katze-Tag
Tag des Schneiders
Tag der alten Jungfer
Cognac-Tag

5. Juni

Weltumwelttag
Internationaler Tag für den Kampf gegen illegale, ungemeldete und
  unregulierte Fischerei
Blätterteig-mit-Wurstfüllung-Tag
Tag des Heißluftballons
Tag der schwarzgebrannten Spirituose
Tag der HIV-Langzeitüberlebenden

6. Juni

Welttag der russischen Sprache
Sehbehindertentag
Tag der Ausübung von Gartenarbeit
Autokino-Tag
Tag des Jo-Jos
Apfelmus-Kuchen-Tag

7. Juni

Tag der Apotheke
Tag der VCR-Videokassette
Schokoladeneis-Tag

8. Juni

Welttag der Ozeane
Tag der besten Freunde
Tag der guten Laune

9. Juni

Tag des Rosé-Weins
Donald-Duck-Tag

Donald ist wie wir – schrecklich unvollkommen
Zugegeben: Donald Duck war nie einer meiner Lieblingscharaktere. Er ist kaum zu verstehen, und sein aufbrausendes Temperament macht ihn nicht sympathischer. Er ist mitunter sogar gemein und wütend, und ich bin mir ziemlich sicher, dass ihn die Walt-Disney-Zeichner üble Schimpfwörter sagen lassen, die nur sie selbst identifizieren können. Die sitzen dann in ihren Zeichner-Kabuffs und lachen sich schepp. Interessanterweise sind die Gründe, warum ich Donald nicht mochte, auch die Gründe, warum so viele Leute ihn mögen oder gar verehren. Ich habe mal einen Sammler gekannt, der hat auf einem Markt lieber 500 Euro für eine Donald-Figur ausgegeben, anstatt den Familienurlaub damit zu finanzieren. Und während ich hier so schreibe, stelle ich mir vor, wie dessen Familie heute noch irgendwo in einem Mittelreihenhaus im Keller sitzt und auf diese und andere Donald-Figuren starrt, anstatt in Italien am Strand zu liegen.
Jedenfalls: Donald ist ein Charakter, der gern auf dem schmalen Grat zwischen Protagonist und Antagonist umherwatschelt. Wenn es ihm mies geht, sucht er nicht ruhig nach einer Lösung, er schreit, stampft mit seinen gelben Flossen und hört nicht auf, bis er entweder seinen Willen durchsetzt oder von Gustav Gans, seinem Vetter, bloßgestellt wird. Er ist in gewisser Weise die un-

vollkommenste der klassischen Disney-Figuren. Daher überrascht es auch nicht, dass ihm seine Unausgeglichenheit meist vergeben wird. Egal wie oft Donald die Beherrschung verliert und tobt wie ein schlecht erzogenes Küken, seine Freunde vergeben ihm, lieben ihn und geben ihm immer wieder eine Chance. Wahrscheinlich ist es so: Donald wird geliebt, weil er – ebenso wie wir alle – täglich auf die Gnade anderer angewiesen ist.

Als unvollkommene Menschen, die wir sind, scheint die Tatsache beruhigend zu wirken, dass es da draußen Donald Duck gibt. Wir mögen Mickey Maus wegen seines Optimismus und Einfallsreichtums lieben, aber wir wissen in unseren Herzen, dass wir wahrscheinlich viel mehr mit Donald gemeinsam haben. Donald Duck gibt uns die Hoffnung, dass wir morgen, egal wie unvollkommen wir auch sein mögen, die Chance erhalten werden, besser zu werden. Also: Ein Hoch auf uns! Ein Hoch auf Donald Duck!

10. Juni

Tag des Kugelschreibers
Eistee-Tag
Kindersicherheitstag

11. Juni

Tag des deutschen Schokoladenkuchens
Maiskolben-Tag
Tag des Guerilla-Strickens (gestricktes Graffito, Streetart)

12. Juni

Internationaler Tag des Tagebuchs
Internationaler Tag gegen Kinderarbeit

Tag der roten Rose
Ehrentag von Mildred und Richard Loving (Mischehe)
Erdnussbutter-Keks-Tag
Internationaler Falafel-Tag
Superman-Tag

13. Juni

Internationaler Tag der Aufklärung über Albinismus
Internationaler Tag des Axtwerfens
Welt-Softball-Tag
Tag der Nähmaschine

Ja, Walter Hunt hat auch die Nähmaschine erfunden.
Zumindest stand er kurz davor. Den Text zu ihm finden Sie
am 9. November.

14. Juni

Weltblutspendetag
Internationaler Bade-Tag
Bourbon-Tag (Spirituose)
Flaggen-Tag

15. Juni

Welttag gegen die Misshandlung älterer Menschen
Welt-Wind-Tag (Windenergienutzung)
Tag des Strandkorbs
Tag der Naturfotografie
Tag der Macht der Lächelns
Magna-Carta-Tag
Hummer-Tag
Tag des Bieres (GB)

2. Juni oder nächstgelegener Wochentag
Geh-früher-aus-der-Arbeit-Tag

Ich bin für den 5-Stunden-Tag!

Okay, aufgepasst, hier kommt die steile These: »Die besten Mitarbeiter kommen spät und gehen früh!« Das ist kein Zitat, das ich erfunden habe, das ist auch kein Witz über Beamte. Diese Aussage, zugespitzt formuliert, ist das Ergebnis mehrerer Studien, Untersuchungen und Bücher, die sich mit unserem Arbeitsalltag befassen. Beispiel: Wissenschaftler der Universität Melbourne haben in einer Studie herausgefunden, dass unsere kognitiven Fähigkeiten nachlassen, sobald wir mehr als 25 Stunden pro Woche arbeiten. Wer mehr arbeitet, wird unaufmerksam, lernt langsamer, kann sich weniger merken, hat weniger gute Ideen, hängt länger am Kaffeeautomaten rum, hält lieber einen Plausch mit Kollegen, anstatt zu arbeiten. Das gilt vor allem für die über 40-Jährigen von uns. »Lange Arbeitszeiten und bestimmte Aufgaben können Ermüdung und Stress auslösen«, bilanziert das australische Forscherteam.

Ich hab das mal an mir getestet. Um 10 Uhr morgens war ich fit und voller Tatendrang, tippte E-Mails, konzentrierte mich auf meinen Bildschirm, schrieb sogar eine Idee auf Papier! (Daraus wurde später nix, aber immerhin.) Kurz vor 12 knurrte mein Magen. Nach 13 Uhr 17 (zum Mittagessen gab's Spaghetti bolognese) fühlte ich mich etwas träge, aber noch voll im Saft. Kurz nach 15 Uhr hing ich an der Kaffeemaschine rum und hab einem Kollegen dabei zugehört, wie er (wieder einmal!) mit seinem Leben (im Allgemeinen) haderte. Um 14 Uhr 48 hab ich das erste Mal auf die Uhr geschaut und daran gedacht, was ich jetzt tun würde, wenn ich nicht arbeiten müsste. Der Gedanke, dass ich erst in mehr als drei Stunden dazu kommen würde, meinen Astralkörper (Nee, nee, nicht die Art von anatomischer Schönheit, an die Sie jetzt denken. Eher die Art »passabel mit Schwächen«) in die Sonne zu legen und ein kaltes Bier zu trinken, lähmte mich für etwa 20–25 Minuten. Um kurz nach 17 Uhr wurde ich schon unruhig. SMS eines Freundes: »Liege an der Isar. Leider geil. Wann machste Schluss?« Ich packte schon mal mein Ladekabel ein. Punkt 17 Uhr 49 räumte ich meine Kaffeetasse in den Geschirrspüler. Als die ersten beiden Kollegen sich bereits verabschiedet hatten (17 Uhr 52), schaltete ich den Computer aus.

Meine Analyse: Ich hatte schon um 15 Uhr meinen Zenit überschritten. Die letzten drei Stunden habe ich an Produktivität nicht nur nachgelassen. Ich litt geradezu an meiner Unproduktivität. Also, was tun?

Ich denke, unsere Arbeitswelt hat sich in den vergangenen 10–15 Jahren rasant verändert. Die alte Nine-to-five-Ideologie hat sich überholt. Im Netz recherchierte ich am nächsten Tag (natürlich während der Arbeitszeit) nach Unternehmen, die sich vom 8-Stunden-Tag verabschiedet haben. Ich fand eins, das laut eigenen Angaben den 5-Stunden-Tag erfolgreich eingeführt hat. Prima, dachte ich! – Leider befindet es sich in Bielefeld. Es war 15 Uhr 26. Noch zweieinhalb Stunden bis Feierabend.

Erster Dienstag im Juni
Aktionstag gegen den Schmerz

Erster Mittwoch im Juni
Welttag des Laufsports

Erster Freitag im Juni
Fish-and-Chips-Tag
Donut-Tag

Erster Samstag im Juni
Tag der Organspende (Deutschland)
Tag der Trampelpfade
Europäischer Tag der Organspende

Erster Sonntag im Juni
Tag der Krebs-Überlebenden
Welt-Naturisten-Tag

Zweiter Dienstag im Juni
Ruf-deinen-Arzt-an-Tag

Zweiter Donnerstag im Juni
Tag der Farmarbeiter
Trockenfleisch-Tag

Zweiter Samstag im Juni
Weltpuppentag
Welt-Gin-Tag
Internationaler Stricke-in-der-Öffentlichkeit-Tag

Zweiter Sonntag im Juni
Tag des Gartens

Zweites Juniwochenende
Tag des offenen (Bauern-)Hofes
Tag des Hundes (Deutschland)

Nächstgelegener Samstag zum 17. Juni
Welt-Jonglier-Tag

Dritter Dienstag im Juni
Kirschkuchen-Tag

Dritter Donnerstag im Juni
Mach-Schluss-mit-der-Zapfsäule-Tag

Dritter Freitag im Juni
Hol-dir-deine-Mittagspause-zurück-Tag
Tag der Flipflops

Dritter Samstag im Juni
Internationaler Tag des Surfens
Tag der Verkehrssicherheit

Dritter Sonntag im Juni
(Internationaler) Vatertag
Tag der Truthahn-Liebhaber

Drittes Wochenende im Juni
Tag der Musik (Deutschland)

Erster Freitag nach dem 19.06.
Nimm-deinen-Hund-mit-zur-Arbeit-Tag

Letzter Montag im Juni
Bitte-nimm-meine-Kinder-mit-zur-Arbeit-Tag

Letzter Donnerstag im Juni
Tag des Bomb-Pop-Eis

Letzter Samstag im Juni
Tag der Streitkräfte

Letzter Sonntag im Juni
Blockhaus-Tag

Letztes komplettes Juniwochenende
Tag der Architektur (Deutschland)

Flexibel im Juni
Tag des Cholesterins

Pfingstmontag
Deutscher Mühlentag

Zweiter Donnerstag nach Pfingsten
Fronleichnam

16. Juni

Internationaler Tag der Heimatüberweisungen an Familienangehörige
Welt-Tapas-Tag
Tag des Buttertoffees
Tag des frischen Gemüses

17. Juni

Welttag für die Bekämpfung von Wüstenbildung und Dürre
Nationaler Gedenktag an den Volksaufstand in der DDR von 1953
Iss-dein-Gemüse-Tag
Tag des Apfelstrudels
Tag der Parkettierung (Kachelung)

18. Juni

Tag der nachhaltigen Gastronomie
Geh-Fischen-Tag
Internationaler Tag des Picknicks
Internationaler Sushi-Tag
Internationaler Panik-Tag
Tag des Geldverprassens
Putze-dein-Aquarium-Tag

19. Juni

Internationaler Tag für die Beseitigung sexueller Gewalt in Konflikten
Garfield-Tag (Comicfigur)
Juneteenth – amerikanischer Feiertag für das Ende der Sklaverei
Weltbummeltag
Welttag des Bewusstseins für die Sichelzelle
Martini-Tag (Cocktail)

20. Juni

Weltflüchtlingstag
Gedenktag für die Opfer von Flucht und Vertreibung (Deutschland)
Tag der Filtertüte
Ice-Cream-Soda-Tag (Getränk)
Tag des Weißkopfseeadlers
Internationaler Tag der Produktivität
Kouign-amann-Tag (französischer Kuchen)
Tag des Vanille-Milchshakes

21. Juni

Tag des Schlafes (Deutschland)
Deutscher Lebensmittelallergietag
Tag des Sonnenschutzes (Deutschland)
Internationaler Tag des Yoga (Vereinte Nationen)
Tag des Musizierens
Welthumanistentag
Tag des Sonnenhöchststands (Sommersonnenwende)
Geh-Skateboard-fahren-Tag
Welttag der Giraffe
Pfirsich-mit-Schlagsahne-Tag
Welt-Motorrad-Tag
Internationaler T-Shirt-Tag
Tag des Selfies

Selfies könnten die Welt retten

Wenn sich die Methode der Menschheit verändert, Bilder von sich herzustellen, verändert sich eine Kulturtechnik: Das stellt Fragen an die Kultur. Viele Fragen. Damit haben sich bereits Hunderte, was sag ich, Tausende und Abertausende Kultur- und Medienwissenschaftler beschäftigt. Die meisten sehen darin auch gar keinen Verfall irgendwelcher Sitten, schon gar keinen Narzissmus oder ähnliche psychische Abweichungen. Sie sehen in Selfies eine Weiterentwicklung. – Ich würde diesen Wissenschaftlern gern eine simple Frage stellen, frei nach Monty Python: Was haben uns die Selfies gebracht? Mehr Frieden, weniger Krieg auf der Welt? Sicher nicht. CO_2-neutrale Automobile? Klügere Flüchtlingsdebatten? Ich frag ja nur.

Eigentlich hab ich ja auch eine Lösung parat. Darum rede ich ja grad so altklug daher. Mein Vorschlag: Die Rede ist doch immer wieder vom bedingungslosen Grundeinkommen als Heilmittel der Zukunft. Wie wäre es, wenn jedes Selfie einen Cent kosten würde, wenn bei jedem Selfie automatisch ein Cent in eine »Welt-Kasse« fließen würde? Könnte dann nicht jeder von uns flauschig in der Hängematte liegen und Selfies vom Urlaub auf den Bahamas machen? Ich frag ja nur.

22. Juni

Tag der Zwiebelringe
Schokoladen-Éclair-Tag
Tag der Positivität in den Medien

23. Juni

Tag der Vereinten Nationen für den öffentlichen Dienst
Internationaler Tag der Witwen
Lass-es-dabei-bewenden-Tag
Internationaler Tag der Frauen in technischen Berufen
Tag der Schreibmaschine

Die Schreibmaschine als Komplizin

Als ich zum ersten Mal einen Artikel für eine Zeitung schreiben durfte (ich war 16 und machte ein Praktikum bei einer großen regionalen Zeitung), ging es um ein Eisbärenjunges (wie niedlich!) im Karlsruher Zoo. Ich kam von der Zoo-Recherche zurück in die Redaktion, setzte mich an den Schreibtisch, und vor mir stand eine gefühlt hundert Jahre alte Schreibmaschine (die echten Redakteure saßen vor neuen, elektronischen Schreibmaschinen). Ich bestaunte das Gerät für ein paar Sekunden, zog am Hebel von rechts nach links, und sie machte dieses unverwechselbare milde ratternde Geräusch, das am Ende mit einem Klingeln aufhört. Natürlich hatte ich zuvor schon Schreibmaschinen gesehen, aber noch nie auf einer geschrieben. Das war der Moment, wo ich instinktiv fühlte: Hier bin ich richtig.

Und selbstverständlich glauben Sie jetzt, ich erzähle Ihnen die nette Geschichte, wie aus dem Jungen mit der Liebe zu Schreibmaschinen ein erfolgreicher Autor wurde. Tja. Weit gefehlt. Denn dieser Tag würde nicht so schön enden, wie er begonnen hatte. Nachdem ich meine Notizen fein säuberlich auf den Schreibtisch gelegt hatte und die Maschine etwas näher zu mir zog, nachdem ich die ersten Buchstaben und innerhalb weniger Sekunden schon volle Sätze mit Begeisterung ins wehrlose weiße Blatt schoss, lehnte ich mich selbstzufrieden zurück und dachte, ich wäre zum Schreiben geboren. Was für ein Glücksfall für die Zeitung! – Dann las ich. Hm. Ich las noch mal. Hmmmm. Und noch mal. Aber es wurde leider nicht besser. Was ich eben noch heldenhaft gut fand, entpuppte sich beim mehrmaligen Lesen als grottenhaft elendes Geschreibsel eines Analphabeten. Ich riss das Blatt aus der Maschine und zog ein neues ein. Ich schrieb. Ich las. Keine Verbesserung. Wieder riss ich das Blatt von der Rolle. Neues Blatt, neues Glück. Ich schrieb, ich las. Es blieb ein Fragment, das – verdammt noch mal – nicht annähernd dieses niedliche Eisbärbaby würdigte. Neben der Schreibmaschine stand ein weißes Fläschchen. Darauf stand: »Tipp-Ex«. Ich öffnete es. Ein weiß gefärbter Pinsel. Es roch ein wenig nach Chemie, aber nicht von der üblen Sorte. Ich beobachtete, wie die echten Redakteure Tipp-Ex verwendeten. War an meinem Text vielleicht etwas zu retten?

»Na, wie läuft's?«, hörte ich eine Stimme und spürte gleich darauf die schwere Hand des Lokalchefs auf meiner Schulter. Er blickte zuerst aufs Blatt, dann in den Papierkorb. »Hier ist noch kein Meister vom Himmel gefallen«, sagte er, ohne meine Antwort abzuwarten. »Wir können die Geschichte aber nicht morgen bringen. Die muss heute raus. Ich geb dir noch eine Stunde. Wenn dann noch nix vorliegt, musst du deine Notizen an einen der Kollegen weitergeben.« An einem der Nebentische war ein leichtes Seufzen zu hören. Ich nickte vorsichtig. Die nächsten zehn Minuten verbrachte ich damit, diese aufmüpfig vor mir thronende Schreibmaschine zu verfluchen. Natürlich lautlos.

Ich pinselte etwas Tipp-Ex auf das Blatt, löschte eine unausgegorene Idee, wartete, bis das Tipp-Ex getrocknet war, und griff erneut an. Diesmal erschien mir die Idee passabel. Nicht gut. Aber auch nicht zum Haareraufen. Und dann passierte wieder etwas Komisches: Ich schrieb nicht munter drauflos wie zuvor, ich dachte vorher darüber nach, was ich eigentlich sagen wollte. Und nicht nur das: Ich dachte sogar darüber nach, wie ich das, was ich über den niedlichen Eisbären und seine große weiße Mutti zu sagen hatte, formulieren wollte. Wort fügte sich an Wort, Satz zu Satz, Absatz zu Absatz. Als ich den Schlusspunkt setzte, durchströmte mich ein sonnenwarmes Gefühl der Glückseligkeit. Ich war überzeugt: Das ist die perfekte Eisbärenfamiliengeschichte. Ich zog das Blatt aus der Schreibmaschine, die mich gar nicht mehr so gruselig abweisend betrachtete, sondern eher freundlich anlächelte, und betrat das Büro des Chefs. Ohne Ankündigung legte ich ihm mein Œuvre (drei vollgeschriebene Blätter) auf den Tisch und blickte ihn erwartungsfroh an. Der Lokalchef war bekannt als harter, aber fairer Richter. Er blickte auf seine Uhr. »Pünktlich«, sagte er, »das ist gut.« Er nahm die Blätter, auf denen sicher die halbe Flasche Tipp-Ex gepinselt war, vorsichtig in die Hand und begann zu lesen. Ich folgte seinen Augen und wusste genau, welche Stellen er gerade las. Er schmunzelte sogar. An zwei Stellen. Ganz sicher. Schließlich legte er das letzte Blatt ab. Eine Pause entstand. »Du kannst schreiben«, sagte er, »hast Talent.« Mein Grinsen quetschte meine Backen zur Seite. »Aber du hörst anscheinend nicht richtig zu.« Meine Backen flachten sofort ab. »Dein Text ist viel zu lang. Was hatte ich gesagt? Wie viele Zeilen sollst du schreiben?«, fragte er mich mit zugekniffenen Augen.

Plötzlich fiel mir die Zahl 30 ein. Sie war zuvor nicht in meinem Hirn gewesen. Die Buchstaben hatten beim Schreiben alle Zahlen verdrängt. Auch diese verhängnisvolle.

»30«, sagte ich und ließ meine Schultern fallen.

»Und wie viele Zeilen hast du geschrieben?«, wollte der Lokalchef wissen.

»91?«

»94!«, antwortete er.

Ich hatte keine Ahnung vom Blattmachen.

Ich hatte keine Ahnung, dass das Zeitungsgeschäft Präzisionsarbeit war. Also startete ich einen kläglichen Versuch.

»Kann man den Artikel nicht trotzdem drucken?«

»Nein, Herrgott, das kann man nicht! Schreib dir das hinter die Ohren. 30 ist 30 und nicht 94! Und jetzt raus hier!«

Ich trottete zu meiner alten Schreibmaschine, setze mich vor sie und betrachtete sie wie eine Komplizin. »Wir haben Scheiße gebaut«, sagte ich zu ihr.

Am nächsten Tag schlug ich die Zeitung auf und war mir sicher, dass ich darin keine Eisbärenfamiliengeschichte finden würde. Aber zu meiner Überraschung fand ich sie doch. Nicht auf 94 Zeilen. Aber auch nicht auf 30. Der Lokalchef hatte meine Geschichte auf exakt 70 Zeilen gekürzt und ins Blatt gehievt. Über dem Artikel stand mein Name. Stolz. Gar kein Ausdruck.

24. Juni

Schwimm-eine-Runde-Tag
Internationaler Feen-Tag
Tag der Pralinen

25. Juni

Welttag der Schulfreunde
Tag des Seefahrers
Welt-Beatles-Tag
Wels-Tag (Fisch)
Tag des Farbfernsehens
Tag des Erdbeer-Parfaits
Ziegenkäse-Tag

26. Juni

Internationaler Tag gegen Drogenmissbrauch und unerlaubten Suchtstoffverkehr
Internationaler Tag der Vereinten Nationen zur Unterstützung der Folteropfer
Tag der Kosmetiker
Kanu-Tag
Tag des Schokoladen-Puddings
Bärengedenktag

Knut vs. Bruno
Der eine war ein Weltstar, der andere ein Problembär. »Cute Knut« nannte die internationale Presse den kleinen Eisbären aus Berlin. Als er am 19. März 2011 starb, trauerte die Welt. Weitaus weniger trauerten um den ungezähmten Bruno, der als erster Braunbär die Reisefreiheit des Schengen-Raums nutzte und 2006 von Italien nach Deutschland wanderte. Die Bayerische Regierung gab ihn zum Abschuss frei. Gedenken wir heute beiden. Ausgestopft stehen sie in Museen in Berlin und München.

27. Juni

Tag der Kleinst-, kleinen und mittleren Unternehmen
Tag des Liedes »Happy Birthday to You«
Internationaler Ananas-Tag
Tag der Sonnenbrille
Tag aller Fabrikarbeiter auf der Welt
Orangenblüte-Tag

28. Juni

Tag der Herz-Umarmungen
Tag der alternativen Kreiszahl Tau
Tag des Bewusstseins für Versicherungen
Internationaler Tag des Body Piercings
Tapioka-Tag (getrocknete Maniokwurzel)
Paul-Bunyan-Tag (amerikanische Holzfäller-Legende)
Ceviche-Tag (peruanisches Gericht)

29. Juni

Internationaler Tag der Tropen
Tag des Waffeleisens
Tag der Kamera
Mandel-Buttercrunch-Tag (Süßigkeit)
Internationaler Matsch-Tag
Cream-Tea-Tag (britische Mahlzeit)

30. Juni

Internationaler Inkontinenztag
Internationaler Tag der Asteroiden
Internationaler Tag des Parlamentarismus
Tag der sozialen Netzwerke

Juli

1. Juli

Tag der Postangestellten
Internationaler Tag der Früchte
Tag der zweiten Jahreshälfte
Tag der Postleitzahl
Internationaler Reggae-Tag
Canada Day – der Nationalfeiertag Kanadas
Tag der kreativen Eissorten
Tag der Ingwerplätzchen
Internationaler Witze-Tag

Ha-ha-ha!

Die Universität Hertfordshire in Großbritannien hat sich im Jahr 2004 die Mühe gemacht, den »besten Witz der Welt« zu ermitteln. Bei der Studie nahmen mehr als 500.000 Menschen aus 70 Ländern teil. Sie stellten mehr als 40.000 Witze ins Netz. Es war einer der größten sozialwissenschaftlichen Feldversuche, die es je gegeben hat.

Aber wenn Sie jetzt denken, dass Sie am Ende dieses Textes laut lachen werden, muss ich Sie enttäuschen. Wie bei jeder wissenschaftlichen Studie mussten die Forscher einige Störfaktoren bei der Witz-Auslese berücksichtigen. Viele Witze wurden ausgeschlossen, weil sie vor allem innerhalb einer speziellen kulturellen und sprachlichen Region funktionieren – aber leider nicht außerhalb. Zum Beispiel dieser hier:

Zwei Saarländer fahren auf der Ringstraße in Saarbrücken, als sie merken, dass ihr Lkw nicht unter einer Brücke durchpasst, weil er ein paar Zentimeter zu hoch ist. Sie steigen aus und fangen an, die Brücke mit Hammer und Meißel zu bearbeiten. Da kommen zwei Pfälzer vorbei und wollen wissen, was los ist. »Mir bassen nett unner der Brick durch«, antworten die beiden Saarländer. »Dann lossen doch äfach a bissl Luft aus de Rääfe«, schlagen die Pfälzer vor. »Typisch Pälzer«, sagt einer der Saarländer. »Wo fehlts dann? Unne oder owwe?«

Auch zu derbe, sexistische, zu stark verunglimpfende Witze haben die Wissenschaftler aussortiert. Zum Beispiel:

Sagt ein Eichhörnchen zum anderen: »Mann, um deine glänzende Eichel bist du echt zu beneiden!« Erwidert das andere: »Du solltest erst mal meine Nüsse sehen!«

Gut, den kann man jetzt lustig finden, muss aber nicht. Das Resultat der Studie jedenfalls ist – laut den Forschern – ein klassischer Mainstream-Witz. Weder zu witzig noch besonders einfallslos:

Zwei Jäger gehen auf die Jagd und wandern durch den Wald. Plötzlich greift sich der eine an die Kehle und stürzt zu Boden. Der andere Jäger gerät in Panik und ruft den Notarzt an: »Ich glaube, mein Freund ist tot, was jetzt?« Der Arzt sagt: »Beruhigen Sie sich! Zunächst einmal müssen Sie sichergehen, dass Ihr Freund wirklich tot ist.« Kurze Pause, dann ein Schuss. Dann kommt er wieder ans Telefon. »O. k., erledigt, und was jetzt?«

2. Juli

Welt-UFO-Tag
Tag des Anislikörs
Habe-ich-vergessen-Tag

3. Juli

Meide-die-Sonne-Tag
Lobe-dein-Spiegelbild-Tag
Internationaler Tag gegen Plastiktüten
Tag des Ungehorsams
Tag der Schokoladenwaffel
Iss-Bohnen-Tag
Tag der Klimaanlage

4. Juli

Tag der Jackfrucht
Tag der Blaskapelle
Iss-kein-Fleisch-Tag
Tag des Grillfests
Spareribs-Tag
Caesar-Salad-Tag
Independence Day – der amerikanische Nationalfeiertag

US-Grillmeister vs. Veganer

Sorry, aber das kann doch kein Zufall sein: Der amerikanische Unabhängigkeitstag fällt zusammen mit dem Tag des Grillfestes, dem Spareribs-Tag und dem Caesar-Salad-Tag?! – Typisch Amis! Die geben sich nicht zufrieden mit ein paar Spareribs und Caesar Salad, die feiern nicht bescheiden ihren Nationalfeiertag mit Barbecue, nein, die installieren auch noch schnell den Tag des Grillfestes, damit es sich auch ja lohnt mit der Holzkohle unterm flatternden Sternenbanner. Fehlt nur noch der Rib-eye- oder T-Bone-Tag, um das fettig-heiße Gelage zwischen zwei Brottellern abzurunden.

Andererseits: Wer will es ihnen verdenken? Bei den Amis muss ja alles immer größer sein. Schon mal ein T-Bone-Steak auf einem 4.-Juli-Grill gesehen? Dann wissen Sie, wovon ich rede. Das hat die Ausmaße von Liechtenstein. Man könnte ganze Grundschulklassen eine Woche lang von diesem einen Stück Fleisch ernähren. – Apropos Fleisch. Der natürliche Feind des klassischen amerikanischen Grillfests ist natürlich der Veganer. Für Veganer ist so ein 4.Juli-BBQ ja nix anderes als eine Kriegserklärung mit anderen Mitteln. US-Grillmeister antworten auf die Frage, ob sie auch etwas Veganes im Kühlschrank haben, mit: »Yes, baby. Light!« Vielleicht haben findige Veganer auch deshalb an diesem 4. Juli den Iss-kein-Fleisch-Tag ausgerufen. Um diesen traditionellen US-Grillmeistern mal kräftig in die Meatballs zu treten.

5. Juli

Tag der Apfeltasche
Tag des Bikinis

6. Juli

Internationaler Tag des Kusses
Lade-deinen-Webseitenverwalter-zum-Mittagessen-ein-Tag
Tag der Schirmhülle
Danke-deinem-virtuellen-Assistenten-Tag
Tag des gebackenen Huhns

7. Juli

Welt-Schokolade-Tag
Sag-die-Wahrheit-Tag
Welttag der Vergebung
Tag des Erdbeer-Eisbechers
Makkaroni-Tag

8. Juli

Löse-dich-von-der-Hysterie-und-entspanne-Tag
Schokolade-mit-Mandeln-Tag
Mathe-2.0-Tag (USA)

9. Juli

Tag des Rock 'n' Roll
Tag der Zuckerplätzchen

10. Juli

Tag des Picknicks mit einem Teddybär
Tritt-nicht-auf-eine-Biene-Tag
Tag der Kuh
Piña-Colada-Tag (Cocktail)

Making love at midnight

Ich möchte an dieser Stelle mal ein Röhrchen für eine Piña Colada biegen! Das Schirmchen über den Drink halten. Sie wissen schon. Ich denke, die Piña Colada wird unterschätzt. Sie gilt übrigens auch zu Unrecht nur als »Frauen-Getränk«. Gut, das Ding ist so sirupsüß, dass einem das Röhrchen schon mal an der Lippe kleben bleibt, aber hey, eine Piña Colada steht wie kein anderer Cocktail für Urlaub, Palmen und Strand. Sie ist das Nationalgetränk Puerto Ricos, das flüssig gewordene karibische Lebensgefühl des »was du heute kannst besorgen, das verschiebe lieber auf morgen«, der Laissez-faire-Drink unter den Cocktail-Klassikern! Und beruht nicht auch Rupert Holmes Welthit »Escape« auf einer Piña Colada? Sie erinnern sich:
»If you like Piña Coladas, and getting caught in the rain /
If you're not into yoga, if you have half a brain
If you like making love at midnight, in the dunes of the cape
I'm the love that you've looked for, write to me, and escape«
Selbst die hartgesottensten Männer haben zu diesem Song schon mal weiche Knie bekommen. Unter uns, mein Tipp: Geben Sie Ihrem Drang nach Süßem in der Bar Ihres Vertrauens bald mal wieder nach. Sie werden es nicht bereuen. Ohrwurm inklusive!

11. Juli

Weltbevölkerungstag
Tag des Blaubeer-Muffins

12. Juli

»Etch A Sketch«-Zaubertafel-Tag (Spielzeug)
Tag der unterschiedlichen Augenfarben
Tag der Einfachheit
Amerikanischer-Pekannusskuchen-Tag
Tag der neuen Gespräche

13. Juli

Pommes-Tag
Tag der stolzen Nerds
Internationaler Tag des Rocks (Musikrichtung)
Rindertalg-Tag

14. Juli

Tag des Bewusstseins für Haie
Internationaler Tag der Nacktheit
Chaos-Tag
Grand-Marnier-Tag (Spirituose)
Mac-&-Cheese-Tag (Nudelgericht)

15. Juli

Welttag für den Kompetenzerwerb junger Menschen
Tag der Gummibärchen
Tapioka-Pudding-Tag
Brandschutz-für-Haustiere-Tag
Tag des Orangen-Hühnchens

Erster Samstag im Juli
Internationaler Tag der Genossenschaften
Schau-in-den-Park-Tag

Erster Sonntag im Juli
Baue-eine-Vogelscheuche-Tag

Zweiter Montag im Juli
Internationaler Tag der Stadtschreier

Zweiter Freitag im Juli
Tag des (Döner-)Kebabs

Jahrtausendealter Streit
Ich sag's mal so: Zwischen Griechen und Türken wird gern gestritten. Nicht nur wegen Zypern. Auch die Frage, wer den Döner Kebab beziehungsweise den Gyros erfand, erzürnt regelmäßig die Gemüter. Als Grieche neige ich natürlich dazu, die Gyros-Seite zu favorisieren (Erzählmotto: Der Drehspieß ist wie die Demokratie eine Erfindung aus unserer Antike ...). Türkische Freunde von mir neigen dazu, den Ottomanen herauszukehren (Erzählmotto: Wir haben schon Döner verkauft, da habt ihr noch in Souvlaki gedacht!). Na ja, der Streit tobt schon seit Jahrzehnten, wenn nicht gar seit Jahrhunderten. Was sag ich: Jahrtausenden! Die Wahrheit liegt in diesem Fall allerdings nicht irgendwo in der Mitte, sondern wahrscheinlich im Nahen Osten – und heißt: Schawarma.

Dritter Montag im Juli
Sprich-jemanden-frei-Tag

Mitte Juli
Hot-Dog-Tag

Dritter Sonntag im Juli
Tag der Eiscreme

Letzter Donnerstag im Juli
Chili-Dog-Tag (Abwandlung des Hot Dogs)
Tag der Praktikanten

Haste mal nen Praktikanten?
Nur falls Sie es noch nicht mitbekommen haben: Wir leben im Zeitalter der digitalen Transformation. Aber keine Sorge, das wird kein Streber-Text über aufregende Start-ups und Must-have-Wearables. Es geht lediglich um das Berufsbild des Praktikanten. Es ist doch so: Einst kopierte der Praktikant sich fröhlich zum Feierabend oder trug unauffällig Kabel im Studio. Heute kriegen die Festangestellten die Panik, wenn er fehlt. Praktikanten sind zu festen Teammitgliedern geworden, in manchen Firmen gäbe es wichtige Projekte ohne sie gar nicht. Der Praktikant ist das unverzichtbare Chamäleon unserer Arbeitswelt. Er taucht überall dort auf, wo er gebraucht wird. Mal als Social Media Editor, mal als Client Manager oder auch mal als Softwareingenieur. Er kann im Zweifelsfall alles. Deshalb müssen Unternehmen im Kampf um die besten Praktikanten immer mehr bieten. Zudem: Viele Uni-Absolventen starten direkt in den Beruf. Das alte Motto »Ziehst du keinen Job an Land, wirst du einfach Praktikant« gilt nicht mehr. Vor allem in Amerika haben Personalabteilungen diesen Trend früh erkannt. Nicht umsonst bietet beispielsweise der Technologie-Vorreiter Google seinen Praktikanten ein Monatsgehalt von rund 3.000 Euro. 3.000 Euro! Nur mal zum Vergleich: Das Durchschnittsgehalt aller Arbeitnehmer in Deutschland liegt bei rund 2.860 Euro brutto im Monat (Stand 2017). Merke: Behandle deinen Praktikanten immer gut! Kann sein, dass du ihn mal um ein paar Euro anpumpen musst!

Letzter Freitag im Juli
Tag des Systemadministrators
Sprich-in-einem-Aufzug-Tag

Fahrstuhlgespräche sind schlimmer als Twitter-Nachrichten
Hat jeder schon mal erlebt. Man besteigt einen Fahrstuhl, und
sofort gucken alle zu Boden. Stille. Schweigen. Atempause. Während das enge Platzverhältnis von der ersten Sekunde als körper-
liche Einschränkung empfunden wird, wägt man die Small-
Talk-Chancen ab. Aber man ersehnt insgeheim bereits buchstäb-
lich den Moment, wenn die Tür wieder aufgeht.
Neulich im Karstadt. Da stand ich mit zwei Frauen im Fahrstuhl,
und die eine fragte die andere: »Arbeiten Sie hier?« An der Frage
an sich ist nichts auszusetzen, wenn sie ein bestimmtes Ziel verfolgt. Aber die gefragte Frau trug ein Schild am Revers. Da war
in Großbuchstaben KARSTADT zu lesen, und darunter stand der
Nachname der guten Frau. Zum Erstaunen aller im Raum hieß die
Antwort: »Ja.« Darauf folgte aber nicht etwa die Frage, auf wel-
chem Stockwerk die Handtücher, Brettspiele oder Geldbeutel zu
finden sind, sondern lediglich ein Nicken der fragenden Frau.
Und danach: Stille. Schweigen. Atempause. Noch bevor die Tür
wieder aufging und die fragende Frau grußlos ausstieg, über-
kroch mich ein diffuses Gefühl des Unbehagens. Ich dachte:
Fahrstuhlgespräche sind schlimmer als viele Twitter-Nachrich-
ten. Viel zu kurz, um einen ordentlichen Sinn zu ergeben.
Anderes Beispiel: Vor ein paar Tagen war ich in New York City.
Amerikaner sind ja angeblich die Weltmeister des Small Talks.
Im Fahrstuhl eines großen Hotels standen sieben oder acht
Touristen. Zwei unterhielten sich übers Wetter.
»Schön, dass heute die Sonne scheint.«
»Ja, toll, dass es nicht regnet.«
»Wir waren gestern noch in Washington, da hat es in Strömen
geregnet.«

»Oh, wirklich?«

»Ja, in Strömen. Und wir hatten keinen Schirm dabei.«

»Das ist mir schon oft passiert.«

»Dass Sie keinen Schirm dabeihatten?«

»Ja, ja.«

Das ging auch noch ein paar Sätze so weiter, wurde aber leider nicht interessanter. Und nur um das klarzustellen: Gegen gepflegten Small Talk ist im Prinzip nichts einzuwenden. Und das Thema Wetter geht ja eigentlich immer. Aber machen wir uns doch mal die Mühe und denken ein paar Sekunden nach: Gibt es ein Thema, das in einem F-a-h-r-s-t-u-h-l (!) weniger Relevanz besitzt als Sonnenschein, Regen und Schirme? Ich meine: Ein Fahrstuhl ist ein geschlossener kleiner Raum innerhalb eines Schachts, der wiederum innerhalb eines größeren Gebäudes an Stahlseilen hängt. Verstehen Sie, worauf ich hinauswill? In einem Fahrstuhl wird nie die Sonne scheinen, es wird nicht regnen, und einen Schirm sollte man hier auch nicht aufspannen, sofern man nicht der Hauptdarsteller der Fahrstuhl-Sitcom werden will.

Ich stand also in diesem zusammengewürfelten Haufen Fahrstuhlreisender, und keiner konnte dem Gespräch entfliehen. Wir waren gezwungen, diesen beiden Wetterfeen zuzuhören. Da ging mir ein Licht auf: Das nächste Mal nehme ich die Treppe.

Ein paar Stunden später stand ich im Aufzug des Empire State Buildings. Die 1576 Stufen (320 Höhenmeter!) waren mir dann doch zu viel. Dann lieber Wetter-Small-Talk, dachte ich. Doch siehe da: Keiner der Touristen sprach übers Wetter. Der Fahrstuhl rauschte in 30 Sekunden in den 86. Stock. Nur einer hatte doch noch eine Frage an den uniformierten Fahrstuhlbediener: »Ist das nicht langweilig, den ganzen Tag Fahrstuhl fahren?«

Vierter Sonntag im Juli
Tag der Eltern

16. Juli

Meerschweinchen-Tag
Tag des Maispuffers
Welttag der Schlange
Tag des frischen Spinats

17. Juli

Pfirsicheis-Tag
Internationaler Tag der Gerechtigkeit
Tag des gelben Schweins (mathematische Assoziation)
Welt-Emoji-Tag
Tattoo-Tag (USA)

18. Juli

Welt-Zuhör-Tag
Tag der Versicherungs-Nerds
Kaviar-Tag
Internationaler Nelson-Mandela-Tag

Der demütige Diener

Nelson Mandela war schon zu Lebzeiten eine Legende. Ein Mann, der friedlich Widerstand gegen die Apartheid leistete, für seine Prinzipien einstand, für seine ungeheure Sehnsucht nach einem demokratischen Südafrika, 27 Jahre Gefängnis ertrug. Ohne zu lamentieren. Ohne zu jammern. Mit Würde. Mit Liebe im Herzen. Aufrecht. Aufgeschlossen. Aufrichtig. So wurde Mandela zur Galionsfigur von Generationen – auch außerhalb Südafrikas. Nelson Mandela war ein lebendes Monument, das uns an das Gute im Menschen erinnert. Hier drei seiner wichtigsten Zitate:

»Mein teuerstes Ideal ist eine freie und demokratische Gesellschaft, in der alle in Harmonie mit gleichen Chancen leben können. Ich hoffe, lange genug zu leben, um dies zu erreichen. Doch wenn dies notwendig ist, ist dies ein Ideal, für das ich zu sterben bereit bin.«
1964, Zitat aus seiner Verteidigungsrede im »Rivonia-Prozess«

»Ich stehe hier vor euch nicht als Prophet, sondern als demütiger Diener, von euch dem Volk. Erst eure unermüdlichen und heroischen Opfer haben meine Anwesenheit hier heute ermöglicht.«
11. Februar 1990, wenige Stunden nach seiner Freilassung

»Wir werden eine Gesellschaft errichten, in der alle Südafrikaner, Schwarze und Weiße, aufrecht gehen können, ohne Angst in ihren Herzen, in der Gewissheit ihres unver-äußerlichen Rechtes der Menschenwürde, eine ›Regenbogen-nation‹ im Frieden mit sich selbst und mit der ganzen Welt.«
1994, Zitat aus seiner Antrittsrede als Präsident Südafrikas

19. Juli

Daiquiri-Tag (Cocktail)

20. Juli

Mond-Tag
Tag des Lutschers
Tag der Weltraumforschung
Welt-Hüpf-Tag (globale Erderwärmung)
Internationaler Tag des Ambigramms
Internationaler Schach-Tag

21. Juli

Tag des ungesunden Essens
Lamington-Tag (Süßigkeit)

22. Juli

Tag der Hängematte
Pi-Annäherungstag
Penuche-Fudge-Tag (Süßigkeit)
Mango-Tag
Tag der Crème Brûlée

23. Juli

Tag der umwerfenden Großmutter
Internationaler Yada-Yada-Yada-Tag (TV-Sitcom Seinfeld)
Streusel-Tag (Backdekoration)
Erdnussbutter-und-Schokolade-Tag

24. Juli

Tequila-Tag
Internationaler Tag der Freude
Tag des Drive-Throughs
Erzähle-einen-alten-Witz-Tag
Tag der Cousinen und Cousins

25. Juli

Fädel-den-Faden-ein-Tag
Tag des Eisbechers mit heißer Karamellsoße
Karussell-Tag

26. Juli

Tag der Tante und des Onkels
Mit-einer-Stimme-Tag (Friedensbotschaft)
Alles-oder-Nichts-Tag
Tag der ganzheitlichen Therapie
Tag des Eiscafés

Einen Eiskaffee, bitte!
Heute, am Tag des Eiscafés, erinnern wir uns an den Moment, als wir kindlich vergnügt das erste Mal Eiskaffee im Eiscafé bestellt haben. Denn eins ist klar: Dieser Tag war ein Meilenstein unserer Entwicklung. Früher bestellten wir zwei Kugeln Vanille- oder Schoko-Eis. Früher kramten wir schüchtern Kleingeld aus unseren Hosentaschen. Früher waren wir Kinder. Die Bestellung eines Eiskaffees im Eis Cortina unserer Jugend war ein wichtiger Schritt im Abnabelungsprozess von unseren Eltern. Wie der Tag der Führerscheinprüfung oder der Tag des Bezugs der ersten eigenen Wohnung. Grazie, liebes Eiscafé, dass es dich gibt!

27. Juli

Geh-auf-Stelzen-Tag
Tag der Schlafmütze
Gary-Gygax-Tag (Erfinder des Spiels »Dungeons & Dragons«)
Führe-deine-Zimmerpflanze-spazieren-Tag
Tag der Stadt Norfolk

28. Juli

Welt-Hepatitis-Tag
Tag der Milchschokolade

29. Juli

Tag des Regens
Tag der Lasagne
Welt-Hähnchenflügel-Tag
Internationaler Tag des Tigers
Tag des Lippenstifts

30. Juli

Internationaler Tag der Freundschaft
Welttag gegen Menschenhandel
Zuspätkommtag
Tag des Käsekuchens
Tag des Taschenbuchs
Tag des Schwiegervaters
Tag der Umarmungen
Weltpostkartentag

Wie ein böser Fluch

Ach, war das nicht schön, als alle Welt noch Postkarten en masse verschickt hat? Auf der Vorderseite war meist das Wahrzeichen oder eine Collage mehrerer »Wahrzeichen« des Urlaubsortes zu sehen. Manchmal auch nur ein Esel oder Kamel. Verwegene wählten gar einen lustigen Spruch als Motiv à la: »Reise vor dem Sterben, sonst reisen deine Erben«. Postkartenschreiben war das Urlaubsritual schlechthin. Gut, okay, auf der Rückseite stand so gut wie nie etwas Neues, sondern fast immer der klassische Dreiteiler »Uns geht's super, die Sonne scheint, das Essen schmeckt!« Aber hey, immerhin hatte jemand an uns gedacht, sich unseretwegen die Mühe gemacht, ein Schreibwarengeschäft oder einen Souvenirladen aufzusuchen, sich die Mühe gemacht, ein Motiv für uns auszusuchen. Und wir Daheimgebliebenen? Wir hielten etwas in der Hand, das aus einem fremden Land kam, viele Tage unterwegs war, um zielgerecht in unserem Briefkasten zu landen. Wir pinnten die Postkarten als Andenken an unsere Postkartenwände aus Kork und erfreuten uns der Tatsache, dass auch wir bald in Urlaub fahren würden.

Und heute?

Urlaub ist nicht mehr Urlaub. Und Postkarten sind nicht mehr Postkarten. Urlaub bedeutete früher, dass man für eine gewisse Zeit weg und nicht mehr erreichbar war. Meist nicht mal über Telefon. Der Postkartengruß von der Mittelmeerküste war nicht nur eine Aufmerksamkeit an uns Daheimgebliebenen, es war auch ein Lebenszeichen der Weggezogenen. Motto: Hey, wir leben noch, vergesst uns nicht.

Heute sind wir nie wirklich weg. Nie unerreichbar. Im Gegenteil. Über soziale Medien sind wir jederzeit mit allen Familienangehörigen, Freunden, Kollegen, Bekannten vernetzt. Auch im Urlaub. Über Ozeane hinweg. Wir schreiben uns auf WhatsApp oder Facebook, laden die schönsten Fotos bei Instagram hoch, quasseln uns den Mund fusselig via Skype. Wir haben keine Distanz mehr zu den Daheimgebliebenen, wir nehmen sie überallhin mit. Das ist manchmal ein Segen. Aber meist ist es wie ein böser Fluch, den man nicht loswird. Egal wie weit man reist.

Wer heute trotzdem eine Postkarte schreibt, macht das aus Gründen der Sentimentalität. Aus Gründen der süßen Erinnerung an die alten Familienurlaube aus den 70ern, 80ern oder 90ern. Am liebsten würde man etwas Blödes rufen wie zum Beispiel »Make Postkarten great again!« Aber die Wahrheit ist: Die Zeit der Postkarten is over.

31. Juli

Tag des Himbeerkuchens
Tag der ungewöhnlichen Instrumente
Welt-Ranger-Tag

August

1. August

Tag des Kanons
Welt-Lungenkrebs-Tag
Tag der Freundinnen
Tag des Respekts für Eltern
Welttag der Pfadfinderinnen und Pfadfinder
Tag des Kulturraums Yorkshire
Tag der Himbeersahnetorte
Internationaler Tag der Kinderlosen
World-Wide-Web-Tag
Tag des (Jahres-)Planers
Welt-Mittelfinger-Tag

»Nein, das ist okay so.«

Sie werden das nicht wissen, aber ich habe damals im Bundestagswahlkampf 2013 das Interview mit SPD-Kanzlerkandidat Peer Steinbrück geführt, in dem er seinen berühmten Mittelfinger zeigte. Sie erinnern sich. Die Frage, die ihn zu dieser Geste bewog, hieß: »Pannen-Peer, Problem-Peer, Peerlusconi – um nette Spitznamen müssen Sie sich keine Sorgen machen, oder?« Damals war ich noch Redakteur des *SZ-Magazins* und zusammen mit meinem Kollegen Tobias Haberl verantwortlich für die wöchentliche Rubrik »Sagen Sie jetzt nichts«. Der Fotograf vor Ort in Berlin war Alfred Steffen. Alfred rief mich nach dem Interview an und sagte so etwas wie »Du wirst nicht glauben, was der eben gemacht hat. Ich schick' dir gleich die Fotos.« Nach der ersten Sichtung sprach ich mit meinem Chefredakteur, der mich bat, das Interview – wie üblich – autorisieren zu lassen. Ich tat wie geheißen, dachte aber, dass Steinbrück seinen Mittelfinger zurückziehen, also nicht für eine Veröffentlichung freigeben würde. Falsch gedacht. Er sagte nur: »Nein, das ist okay so.«
Aus journalistischer Sicht war das natürlich ein Volltreffer. Scoop nennen das Journalisten, wenn sie über eine Story oder ein Ereignis mit hoher Relevanz exklusiv berichten. Und Steinbrücks

Mittelfinger schien sehr relevant. Noch nie hatte es einen deutschen Kanzlerkandidaten gegeben, der seinen Kritikern (so die gängigste Interpretation der Geste) zehn Tage vor der Wahl derart ungeschminkt seine Meinung offenbarte. Der Mittelfinger ging um die Welt. Von der *New York Times* in den USA bis zum *Sydney Morning Herald* in Australien haben alle das Foto gedruckt. Letzterer schrieb dazu die Titelzeile: »The Stink over the stinkefinger«, also »Der Stunk wegen des Stinkefingers«.

Ich erlebte diesen Scoop im Sommerurlaub in Thessaloniki. Wir saßen auf der Terrasse, meine Mutter reichte gerade geschnittene Wassermelone und Feta, als die griechischen Abendnachrichten plötzlich das Foto zeigten. Mein Vater drehte sich zu mir um und sagte: »Das hättest du verhindern müssen.« Ich erwiderte ihm: »Das war Steinbrücks Entscheidung, nicht meine.«

2. August

Eis-Sandwich-Tag
Tag des Malbuchs

3. August

Tag der Wassermelone
Putze-deine-Böden-Tag
Tag des Weißweins

4. August

Tag der Küstenwache
Welt-Champagner-Tag
Tag des Assistenzhundes
Tag der alleinstehenden arbeitenden Frau

5. August

Arbeite-wie-ein-Hund-Tag
Tag der Unterwäsche
Austern-Tag

6. August

Tag des frischen Atems
Wackel-mit-den-Zehen-Tag
Root-Beer-Float-Tag (Wurzelbier mit Vanilleeis)
Internationaler Sailor-Moon-Tag (Comicfigur)
Tag der Farmarbeiter
Tag der fliegenden Luftballons

7. August

Leuchtturm-Tag
Tag der besonders absurden Verpackungen
Tag der professionellen Redner
Tag der Altenpflegerin/des Altenpflegers

8. August

Wiederholungstag (Deutschland)
Glück-geschieht-Tag
Bowling-Tag
Odie-Tag (Charakter aus Garfield-Comic)
Tag der schottischen Wildkatze
Welt-Katzen-Tag

Viel zu niedlich, um wegzuschauen
Neulich Nacht sah ich eine Katze, sehr grob gepixelt, am Sternen-
himmel rasen. Ihre Wangen zartrosa, der Körper glich einer Schei-

be Toastbrot mit pinkfarbenem Marmeladenaufstrich. Die Marmelade muss ganze Früchte enthalten haben, denn diese Stücke schimmerten als dicke Punkte hervor. Wie eine Sternschnuppe flog die Katze an mir vorbei, mit einem Schweif wie ein bunter Regenbogen ... Okay, genug jetzt! Sie denken wahrscheinlich: Was hat der denn geraucht, nicht wahr?

Tatsächlich ist diese visuelle Offenbarung mit Regenbogen-Schweif ein Katzenvideo aus dem Netz. Allerdings nicht irgendein Video. Es ist das meistgesehene Katzenvideo der Welt. Auf YouTube zählt »Nyan Cat« mehr als 169 Millionen Aufrufe. Wie es dazu kommen konnte? Ganz ehrlich: Ich habe nicht die leiseste Ahnung. Mehr noch: Zeitgleich zum Erscheinungsdatum des »Nyan Cat«-Videos im Jahr 2011 hat ein User eine Zehn-Stunden-Version auf die Plattform geladen. Das Video mit Musik in Dauerschleife hat auch bereits 88 Millionen Aufrufe. Platz zwei der meistgesehenen Katzenvideos belegt »Very Angry Cat«. Knapp 90 Millionen Menschen haben sich dieses Video angesehen. Die Handlung passt in einen unvollständigen Satz: fauchende Katze im Zwinger. Der 30-sekündige Clip muss mit einem Smartphone der ersten Generation gefilmt worden sein. Die Qualität ist miserabel. Die Netzgemeinde scheint das jedoch wenig zu stören. Sie labt sich seit mehr als einem Jahrzehnt an drolligen Videos mit den Miezekätzchen, ein echter »Cute overload«. So erklärt man sich im angelsächsischen Raum das Phänomen: ein Übermaß an Niedlichkeit, von der man nicht genug bekommen kann.

9. August

Internationaler Tag der indigenen Bevölkerungsgruppen der Welt
Internationaler Ehrentag der Kunst
Welttag der Buchliebhaber
Milchreis-Tag
Tag der Melone

10. August

Duran-Duran-Tag (britische Band)
Welt-Löwen-Tag
Tag der Wertschätzung für Wolkenkratzer
S'mores-Tag (Süßigkeit)
Tag des Video-Blogs
Tag der Faulheit

Nur mal kurz die Welt retten … schnarch.
Da müssen wir jetzt nicht lange herumreden: Faulheit ist etwas Großartiges. Faulheit führt dazu, dass man seine Seele baumeln lässt. Denn Faulheit ist: sich dem Stress entziehen, bevor er entsteht. Man könnte – meiner bescheidenen Ansicht nach – Faulheit als Medikament verschreiben lassen und würde auf einen Schlag auch kränkelnden Patienten ein heiteres Gemüt verpassen. Oder wie würden Sie auf diese Rezeptur Ihres Arztes reagieren: »Ich verschreibe Ihnen zwei Tage Faulheit. Dosis: alle vier Stunden keine Pille!«
Der Faulheit wurde schon von vielen großen Denkern mehr Beachtung geschenkt, als das heutzutage in unserer durchdeklinierten Arbeitswelt meist der Fall ist. Dabei könnte sie so wertvoll sein. Mehr noch: Sie könnte vermutlich die ganze Welt retten. Der Dichter Christian Morgenstern hat das mal so zusammengefasst: »Wenn der moderne Mensch, die Tiere, deren er sich als Nahrung bedient, selbst töten müsste, würde die Anzahl der Pflanzenfresser ins Ungemessene steigen.« Danke, Christian, meine Rede!

11. August

Tag der Töchter und Söhne
Ingersoll-Tag (amerikanischer Redner)
Spiel-im-Sand-Tag

12. August

Internationaler Tag der Jugend
Tag des Sandwichkindes
Schallplatten-Tag
Welttag des Elefanten

13. August

Internationaler Linkshändertag
Filet-Mignon-Tag
Welttag der Organspende

Herz über Kopf

Bei der Deutschen Stiftung Organtransplantation (DSO) können Sie sich über das Thema Organspende informieren. Website: www.dso.de

14. August

Eis-am-Stiel-Tag
Tag der Sozialhilfe
Welttag der Eidechsen
Internationaler Tag des Roséweins

15. August

Tag der Entspannung
Überprüfe-den-Chip-deines-Haustiers-Tag
Tag der Zitronen-Baiser-Torte
Tag der Akadier (französische Kolonie)
Fahre-mit-dem-Rad-zur-Arbeit-Tag

Erster Donnerstag im August
Tag des India Pale Ale (Bier)

Erster Freitag im August
Internationaler Tag des Bieres

Die Fakten rund ums kühle Blonde.

Bis Mitte des 16. Jahrhunderts konnten Brauer dem Sud jede Zutat beimischen. Das Resultat waren teils toxische Biere. Mit dem Erlass des Reinheitsgebots am 23. April 1516 (siehe: Tag des deutschen Bieres) war damit Schluss. In Ingolstadt hielten zwei bayerische Herzöge fest, dass Bier nur aus Hopfen, Malz, Hefe und Wasser hergestellt werden soll. Das galt fortan auch für die älteste Brauerei der Welt, die Bayerische Staatsbrauerei Weihenstephan, die bereits seit dem Jahr 1040 Bier braute.

Den höchsten Pro-Kopf-Verbrauch in Deutschland gab es 1976, dem Jahr der Fußball-Europameisterschaft im damaligen Jugoslawien. Inwiefern sich der verschossene Elfmeter von Uli Hoeneß im Finale von Belgrad auf diese Statistik auswirkte, ist allerdings unklar. Seitdem sinkt der Bierkonsum kontinuierlich. 2018 tranken die Deutschen 101 Liter Bier pro Kopf und landeten europaweit auf Platz drei. Hinter Österreich und dem unangefochtenen Spitzenreiter Tschechien mit 138 Litern.

Zeitgleich steigt aber die Anzahl der Braustätten. 2018 waren es 1.539. Der Grund: Es gibt immer mehr Mikrobrauereien mit jeweils weniger als 1.000 Hektoliter Produktion pro Jahr – das entspricht etwa 10.000 Kästen Bier. Insgesamt gibt es rund 7.000 Biere in Deutschland. Marktführer ist Krombacher. Mit 6.025 Millionen Hektolitern lagen die Westfalen 2018 auch bundesweit ganz vorn. Dicht gefolgt von Oettinger, einem der günstigsten Biere auf dem Markt. Wie die Oettingers es schaffen, ihr Bier so günstig anzubieten? Sie verzichten vollkommen auf Werbung. Die internationale Konkurrenz: Die wertvollste Biermarke der

Welt ist Budweiser mit einem Marktwert von 27,03 Milliarden Dollar. Dahinter folgt Heineken. Das weltweit meistverkaufte Bier ist das »Snow Beer«, das fast ausschließlich für den chinesischen Markt produziert wird. 72 Millionen Hektoliter verkaufte das Unternehmen CR Snow vergangenes Jahr. Im Reich der Mitte zeigt die Kurve weiter nach oben: Dort wird fast fünfmal so viel gebraut wie in Deutschland.

Rund ums Bier gibt es naturgemäß viele Anekdoten. Ich erspare Ihnen eine lange Liste, aber: Die Wikinger glaubten, dass nach ihrem Tod in Walhalla eine riesige Ziege namens Heidrun auf sie wartet, aus deren Euter Bier fließt. Typische Männerfantasie.

Erster Samstag im August
Tag der Sandburg
Discgolf-Tag (Sportart)
Senf-Tag
Met-Tag (Honigwein)

Erster Sonntag im August
Puppen-Tag (USA)
Tag der Hellseher
Freundschaftstag (USA)
Tag der Schwestern

Zweiter Freitag im August
Internationaler Tag der Kunst

Zweiter Samstag im August
Garagenverkauf-Tag

Immer mittwochs, Mitte August
Welttag der Kalligrafie

Dritter Freitag im August
Tag der Körperpflege des Mannes

Dritter Samstag im August

Internationaler Geocaching-Tag
Welttag der Honigbiene
Durchbrich-die-Monotonie-Tag

Bill Murray und die Liebe

Kennen Sie den Film »Und täglich grüßt das Murmeltier« mit Bill Murray in der Hauptrolle? Eigentlich handelt es sich dabei gar nicht um einen Film, eher um ein Theaterstück, um eine Fabel. Im Zentrum steht der Zyniker Phil Connors, ein großkotziger Wetteransager, der sich wenig um seine Mitmenschen schert. Er ist in einer Zeitschleife gefangen, erlebt stets denselben Tag. Immer und immer wieder.

Stellen Sie sich also mal vor, Sie würden einen Tag Ihres Lebens stets aufs Neue erleben. Selbst wenn Sie sich diesen Tag aussuchen könnten, also etwa den glücklichsten Tag ihres Lebens auswählen, würde sich dieser nach zig Wiederholungen wahrscheinlich bald auch wie der langweiligste Tag anfühlen. Oder?

Immer und immer wieder dasselbe zu erleben ist ein Fluch. Fragen Sie mal Sisyphos, den König von Korinth, der laut Homer jeden Tag einen kreisförmigen Felsbrocken den Berg hinaufrollen muss (als Strafe, weil er Gottesfrevler war). Jedes Mal, wenn er denkt, er hätte es geschafft, also kurz vor dem Gipfel, rollt der Felsbrocken wieder hinab, und er muss von vorn beginnen. Oh, Herr, welch beklagenswerte Gestalt!

Bill Murray und Sisyphos erleiden also dasselbe Schicksal. Sie werden einer Monotonie ausgesetzt, die kein Ende nimmt. Manche von Ihnen werden jetzt sagen: »Kenn ich. Mein Alltag fühlt sich auch so an.« Und vielleicht ist das sogar gut so, sagt zum Beispiel der Philosoph Norbert Bolz. Er hat sich intensiv mit dem Phänomen der Monotonie beschäftigt. Für Bolz ist Monotonie nicht gleichbedeutend mit Langeweile. »Monoton ist eigentlich der größte Teil unseres Lebens«, sagt Bolz. »Sie ist so etwas wie eine Grundbedingung dafür, dass wir überhaupt aktiv werden können. Wir brauchen Monotonie, um die Energie zu haben, mal etwas Neues oder Außergewöhnliches auszuprobieren.«

So gesehen ist anzunehmen, dass Bolz den heutigen Durchbrich-die-Monotonie-Tag für eine gute Erfindung hält. Jeder von uns wird daran erinnert, dass er zumindest die Möglichkeit besitzt, aus seinem Alltag auszubrechen, etwas Neues zu beginnen. Für Bill Murray und Sisyphos sind das allerdings keine guten Nachrichten. Vor allem für letzteren. Sisyphos soll rund um das Jahr 1.400 v. Chr. gelebt haben. Wenn das stimmt und wir mal annehmen, dass er für das einmalige Hinaufrollen etwa einen Tag braucht, hat er diesen Felsbrocken bereits 1,2 Millionen Mal … was für eine arme Sau! Für Bill Murray dauert die Tortur dagegen nur acht Jahre, acht Monate und 16 Tage. Damit das in die Länge des Spielfilms passt, werden »nur« Auszüge aus 38 davon gezeigt. Letztlich, das ist die Hollywood-Pointe, die bei Sisyphos fehlt, wird Bill doch noch vom Fluch der Monotonie befreit. Es ist die Liebe zu einer Frau (Rita, gespielt von Andie MacDowell), die ihn erlöst, nachdem es ihm gelingt, innerhalb eines Tages ihr Herz zu gewinnen. Aus dem Egozentriker, dem empathielosen Großkotz wird ein angenehmer Zeitgenosse, ein Geläuterter. Manchmal, wenn man Glück hat, braucht es eben nur einen Tag, um die Liebe seines Lebens zu finden.

Dritter Sonntag im August
Welt-Helikopter-Tag

Freitag vor Labor Day (Tag der Arbeit in den USA)
Tag der College-Farben

Letzter Samstag im August
Tag der Anerkennung einer Konzession

Letzter Sonntag im August
Weltrohkosttag
Ponyexpress-Tag (historischer Postbeförderungsdienst)

16. August

Tag der Achterbahn
Erzähle-einen-Witz-Tag
Tag der Luftlandung (Militär)
Welt-Bratwurst-Tag
Tag des Rums
Tag der Überwachung

Sammelnde Honigbiene

In seinem Roman »1984« blickte George Orwell in die Zukunft – und hatte mit erschreckend vielem recht. Denn seine Zukunft ist unsere Gegenwart. Der gläserne Bürger ist heute Realität. Unternehmen wissen meist mehr über uns als unsere Eltern oder Großeltern. »Big Brother is watching you« ist gegen die Datenkraken von Apple, Google, Amazon, Facebook ein nettes Kindermärchen. Und was Unternehmen können, erlauben sich Staaten ja erst recht.

Bestes Beispiel: Die Volksrepublik China wird ab 2020 ein flächendeckendes soziales Punktesystem einführen. Bürger werden in gut und böse unterschieden. Abhängig von diesem Punktesystem soll es Chinesen möglich sein, Kredite zu beantragen, aus dem Land zu reisen, vom Staat belohnt zu werden. Oder eben nicht. Stufe A entspricht 1.000 Punkten, also einem unbescholtenen Bürger. Erscheint dieser Bürger aber ab 1. Januar 2020 zu spät bei der Arbeit, äußert er sich politisch in ungebotener Weise oder entsorgt seinen Müll in aller Öffentlichkeit, gibt es Punktabzüge. Und Punktabzüge bedeutet Strafe, zum Beispiel Einschränkungen im Alltag. Wie das funktionieren soll? Mit Kameras an jeder Straßenecke. Mit Gesichtserkennung. Unbeobachtet geht in China bald niemand mehr vor dir Tür.

Aber wissen Sie, was das wirklich Irre ist: Angeblich gibt es unter den Chinesen viele Befürworter des neuen Systems. »Es ermutige Gutes zu tun«, hört man da. Oder: »Die Stadt ist jetzt sauberer«. Es braucht nicht viel Fantasie, um sich vorstellen zu können, dass diese Bürger auf die Frage:»Wollt ihr die totale Überwachung?« mit einem lauten »Ja« antworten würden.

Bald könnten aber auch Ausländer Ziel der totalen Ausspähung in China werden. Per App, die ihnen bei der Einreise auf ihre Smartphones gespielt wird.»Fengcai«, zu Deutsch»Sammelnde Honigbienen«, heißt das Programm, das das Handy nach »bedrohlichen Dateien« scannt. Findet die Software eine solche, gibt sie einen Warnton ab. – George Orwell wird sich im Grab umdrehen, wenn er das hört.

17. August

Tag des Secondhandladens
Tag der Wertschätzung für schwarze Katzen
Tag der Vanillesoße

18. August

Tag der schlechten Gedichte
Tag des hochgekrempelten Hosenbeins
Tag des Versandhauskatalogs
Tag des glücklichen Zufalls
Pinot-Noir-Tag (Rotweinsorte)

19. August

Welttag der humanitären Hilfe
Tag der Kartoffel
Internationaler Orang-Utan-Tag
Internationaler Tag der Haarschleife
Tag der Luftfahrt
Welttag der Fotografie

20. August

Welt-Mücken-Tag
Schokoladen-Pekannusskuchen-Tag
Internationaler Tag der Patiententransporter
Welttag der heimatlosen Tiere

21. August

Internationaler Tag des Gedenkens und Tributs an die Opfer des Terrorismus
Spumoni-Tag (Eissorte)
Tag der älteren Mitbürger (USA)
Tag der Dichter

Dichter dran

Man kann über vieles geteilter Meinung sein, aber dass Johann Wolfgang von Goethe einen Tick genialer war als viele andere Geniale, steht außer Frage. Er ist die Inkarnation des Spruchs, Deutschland sei ein Land der Dichter und Denker. Deshalb hier – zu Ehren aller Dichter und Denker – zwei Lebensweisheiten von einem der wohl Weisesten unter den Weisen.

Wer die Menschen so behandelt, wie sie sind, der macht sie damit schlechter. Wer aber die Menschen so behandelt, wie sie sein könnten, der macht sie besser.

Es ist nicht genug, zu wissen, man muss es auch anwenden; es ist nicht genug, zu wollen, man muss es auch tun.

Beide Zitate stammen aus Wilhelm Meisters Lehrjahre. Klassischer Bildungsroman. Erschienen 1795/96. Nur ein Tipp: Gönnen Sie sich mal wieder einen Goethe.

22. August

Sei-ein-Engel-Tag
Tag der Fische
Burger-Tag (GB)
Iss-einen-Pfirsich-Tag
Tag der Pekannusstorte
Bring-deine-Katze-zum-Tierarzt-Tag

23. August

Internationaler Tag zur Erinnerung an den Sklavenhandel und an seine Abschaffung
Europäischer Tag des Gedenkens an die Opfer von Stalinismus
  und Nationalsozialismus
Reite-den-Wind-Tag
Valentino-Tag (Gedenktag des Schauspielers Rudolph Valentino)
Tag des kubanischen Sandwiches
Tag des Biskuitkuchens

24. August

Messer-Tag
Tag des Vesuvs
Internationaler Tag der seltsamen Musik
Tag der Degradierung Plutos
Gedenktag der Erfinder des Internets
Pfirsichkuchen-Tag

25. August

Welt-Tofu-Tag
Küsst-und-versöhnt-euch-Tag
Tag des Whisk(e)y Sour (Cocktail)
Tag des Bananen-Splits

26. August

Toilettenpapier-Tag
Tag des Hundes (USA)
Tag der Gleichstellung der Frau
Tag der Webmasterin
Kirscheis-am-Stiel-Tag

27. August

Tag der falschen Herzogin (Gedenktag der irischen Schriftstellerin
   Margaret Wolfe Hungerford)
Tag der Bananenliebhaber
Tag des Tauziehens (USA)
Internationale Nacht der Fledermaus
Pot-de-crème-Tag (französisches Dessert)

28. August

Tag der Fliege (Kleidung)
Rase-mit-deinem-Cursor-um-die-Desktopsymbole-Tag
Tag des Radiospots
Tag der Erinnerung an das verstorbene Haustier
Tag der Kirschtasche
Krümel-auf-der-Tastatur-Tag

Keine unnötigen Vorwürfe

Wir sind es ja mittlerweile gewohnt, während des Frühstücks, der Mittagspause oder dem Coffee-Break am Computer zu sitzen. Diese Krümel kommen ja nicht von ungefähr. Wie oft haben Sie in den letzten Jahren über ihre Tastatur »gepustet«? Wie oft mit den Fingern einzelne Krümel zwischen dem »W« und dem »E« gepickt? Wie oft haben Sie sich gefragt, woher der dunkle Dreck auf dem Wischtuch kommt? – Machen Sie sich keine unnötigen Vorwürfe: Der Dreck kommt vom Denken! Während Sie damit beschäftigt sind, einen Satz ordentlich zu Ende zu schreiben oder die richtige Zeile in der Excel-Tabelle zu finden, hat das Croissant oder die Zigarette in ihren Händen ganz andere Probleme. Zum Beispiel die Schwerkraft. Oder Ihre Essgewohnheiten. Jeder Krümel ist ein klares Zeichen Ihres großen Engagements. Man könnte auch sagen: Je »dreckiger« Ihre Tastatur, desto stärker die Identifikation mit Ihrem Job. Sagen Sie das ruhig Ihrem Chef, wenn er das nächste Mal die Nase rümpft!

29. August

Internationaler Tag gegen Nuklearversuche
Mehr-Kräuter-weniger-Salz-Tag
Tag der Individualrechte

30. August

Internationaler Tag der Opfer des Verschwindenlassens
Slinky-Tag (Spielzeug aus Schraubenfeder)
Tag der gerösteten Marshmallows
Frankenstein-Tag
Welt-Walhai-Tag
Tag der Ganzheitsmedizin beim Haustier
Tag des afrikanischen Vetkoek-Gebäcks
Tag des Bewusstseins für Trauer

31. August

Tag des Studentenfutters
Liebe-prozessierende-Anwälte-Tag
Wir-lieben-Memoiren-Tag
Tag des Bewusstseins für Überdosen

September

1. September

Tag des Bau- und Finanzpersonals
Tag des Zebrastreifens
Tag des Kirsch-Popovers (aufgehendes Eiergebäck)
Emma-M.-Nutt-Tag (erste weibliche Telefonistin)
Welttag des Briefschreibens
Tag der rothaarigen Katzen
Weltfriedenstag (Deutschland)

2. September

Blaubeereis-am-Stiel-Tag
Sieg-über-Japan-Tag (Kapitulation im Zweiten Weltkrieg)
Welttag der Kokosnuss
Tag der Umstellung auf den gregorianischen Kalender (GB)

3. September

Welsh-Rarebit-Tag (walisischer Käsetoast)
Tag der Wolkenkratzer

Ein bisschen was zum Angeben (beim nächsten Dubai-Urlaub)
828 Meter hoch: Unter den Wolkenkratzern hält der Burj Khalifa in Dubai die Spitzenposition. Kein bewohntes Gebäude der Welt ragt höher in den Himmel. Rund eine Milliarde Euro hat sich das Emirat das höchste Gebäude der Welt kosten lassen. In sechs Jahren Bauzeit wurden 330.000 Kubikmeter Beton verbaut. Das entspricht der Wassermenge in 132.000 olympischen Schwimmbecken. Anzahl der Fahrstühle: 57. Diese führen bis in die 189. Etage auf 638 Metern. Selbstredend ist das die welthöchste Aufzugshaltestelle. Die Aufzüge zählen mit einer Geschwindigkeit von 36 km/h außerdem zu den schnellsten der Welt. Besucher der Aussichtsplattform sind in 55 Sekunden in der 124. Etage. Für alle

Klaustrophobiker: Natürlich gibt es im Burj Khalifa auch Treppen. 2.909 Stufen führen zur 160. Etage. Zum Vergleich: Rekordhalter Paul Crake benötigte für die 1.576 Stufen in den 86. Stock des Empire State Buildings in New York City 9:33 Minuten – da hätte er in Dubai gerade die Hälfte geschafft ... Fassadenreiniger müssen nicht nur schwindelfrei sein, sondern haben auch richtig was zu tun: Die Außenseite des Burj Khalifa besteht aus 24.830 Glasscheiben. Also: Wenn Sie das nächste Mal rausschauen, können Sie ja mit Ihrem eben erlernten Wissen ein bisschen protzen ;)

4. September

Tag der Zeitungsausträger
Currywurst-Tag
Welttag der sexuellen Gesundheit
Tag des Artenschutzes (USA)
Macadamianuss-Tag

5. September

Deutscher Kopfschmerz-Tag
Internationaler Tag der Wohltätigkeit
Tag der Käsepizza
Welt-Samosa-Tag (gefüllte Teigtaschen)
Sei-aus-irgendeinem-Grund-zu-spät-Tag

6. September

Lies-ein-Buch-Tag
Kaffeeeis-Tag
Tag des Kampfes gegen das Aufschieben

7. September

Salami-Tag
Eichelkürbis-Tag
Tag des Übermenschlichen (Erfolge im Behindertensport)
Tag der Bierliebhaber
Kauf-ein-Buch-Tag

8. September

Welttag der Alphabetisierung
Deutscher Aktionstag für pflegende Angehörige
Star-Trek-Tag
Internationaler Tag der Entschuldigung
Tag des Leguans
Welt-Physiotherapie-Tag
Tag der Schauspielerinnen und Schauspieler

Der Wimpernschlag der Hannelore Elsner

Ich habe schon viele Schauspielerinnen und Schauspieler interviewt. Von Tom Hanks bis Juliette Lewis, von Iris Berben bis Matthias Schweighöfer, von Jürgen Vogel bis Mila Kunis. Aber in eindrücklicher Erinnerung ist mir ein Gespräch mit Hannelore Elsner geblieben, das nie den Weg in eine Zeitung oder in ein Magazin geschafft hat, weil es ungeplant und privat war. Wir saßen im Münchner Hotel Bayerischer Hof in einem Nebenzimmer auf dem Boden und rauchten, tranken Weißwein und plauderten. Über dies und das. Im großen Saal nebenan feierte die Schauspielergilde den »Deutschen Filmball«.

Worüber wir im Einzelnen sprachen, weiß ich nicht mehr genau. Aber in Erinnerung ist mir eine Frau geblieben, die mit einem einzelnen Wimpernschlag den Raum zum Vibrieren bringen konnte, weil sie jene besondere Strahlkraft hatte, die so selten ist wie ein Tansanit. Unter den wirklich guten Schauspielern gibt es ja jene, die durch ihr sparsames Spiel bekannt sind, die kaum Regung zeigen, erst eine Falte in ihrem Gesicht krümmen, wenn es unbedingt notwendig ist. Bruno Ganz war so einer. Und es gibt jene, die die Fähigkeit haben, vollends in den Charakter der Rolle überzugehen. Paradebeispiel: Daniel Day-Lewis. Hannelore Elsner war anders. Sie ordnete sich keiner Rolle *unter*, sie hielt sich nicht zurück, sie gab jeder Rolle ihren Elsner-Touch, ohne der Figur etwas Künstliches überzustülpen. Die Authentizität und Aufrichtigkeit, mit der sie ihre Rollen ausfüllte, spiegelte sich auch in unserem Gespräch wider. Diese Frau hatte keinen Filter, den sie einsetzte, wenn sie mit Fremden wie mir sprach, wenn sie Journalisten gegenübersaß. Sie hatte keine Agenda, keine PR-Strategie im Hinterkopf, die sie verfolgte. Sie konnte von einem auf den anderen Moment todtraurig sein und hellauf begeistert. Sie erklomm pfeifend Gipfel und rannte ohne Bremse heulend ins Tal, nur um – unten angekommen – zu realisieren, dass sie im Tal nie sesshaft werden könnte. Eine der Rollen, für die sie gern bewundert wurde, spielte sie im Film »Die Unberührbare« von Oskar Roehler aus dem Jahr 2000. Doch Elsner war alles andere als »unberührbar«. Wenn sie wollte, ließ sie im Film wie im persönlichen Dialog Menschen so nah an sie ran, dass einem das Herz pochte. Gedenken wir heute einer Schauspielerin, die unsere Anerkennung verdient, weil sie ein besonderes Talent hatte, Menschen für sich einzunehmen.

9. September

Tag des alkoholgeschädigten Kindes
Teddybär-Tag
Tag des Pfeffersteaks
Tag der wunderbar Verrückten
Wiener-Schnitzel-Tag

10. September

Welttag der Suizidprävention
Tausche-Ideen-aus-Tag
Tag des Alpakas
Tag der Fertiggerichte

11. September

Tag der Wohnungslosen (Deutschland)
Keine-Nachrichten-sind-gute-Nachrichten-Tag
Tag der Patrioten (USA)
Tag des englischen Osterbrötchens
Mach-dein-Bett-Tag

12. September

Weltkautschuktag
Europäischer Migränetag
Tag der Vereinten Nationen für die Süd-Süd-Zusammenarbeit
Tag der Videospiele
Tag des Schokoladen-Milchshakes

13. September

Tag der Erdnuss
Tag des hellen Hautkrebses
Kinder-erobern-die-Küche-Tag
Tag des Glückskekses
Roald-Dahl-Tag (britischer Schriftsteller)
Trotze-dem-Aberglauben-Tag
Tag des positiven Denkens
Tag des Bewusstseins für an Zöliakie Erkrankte

14. September

Tag der Tropenwälder
Internationaler Rede-über-Krebs-Tag
Iss-ein-Riesensandwich-Tag
Gobstopper-Tag (harte Süßigkeit)
Tag des Donuts mit Cremefüllung

15. September

Welt-Lymphom-Tag
Internationaler Tag der Bildungsfreiheit
Internationaler Tag der Demokratie
Internationaler Tag des Kleinen Pandas
Linguine-Tag (Pastasorte)
Filzhut-Tag
Karamell-Zimtkuchen-Tag
Greenpeace-Tag
Batman-Tag
Mach-einen-Hut-Tag
Internationaler Tag des Punktes
Double-Cheeseburger-Tag
Welt-Afro-Tag
Käsetoast-Tag

Die Liebe einer Großmutter trägt man immer im Herzen
Eine meiner frühesten Kindheitserinnerungen ist der Käsetoast am Strand von Epanomi nahe Thessaloniki. Er schmeckte nach dem herrlich zerlaufenden Käse und war schön kross. Aber er schmeckte auch nach Salz und Sonne. Und nach der Liebe meiner Großmutter Theodora! Mein Bruder Ari und ich verbrachten unsere Sommerferien immer bei ihr. Im Linienbus ging es fast jeden zweiten Tag an den Strand. Obwohl ihr vom Busfahren immer schwindelig wurde. Sie tat es für uns. Und obwohl sie bereits 2004 verstarb, liebe ich sie noch immer dafür – und bestelle auch heute noch in feinen Restaurants gern mal einen Käsetoast.

Erster Montag im September
Tag des Mundschutzes

Erster Mittwoch im September
Welttag der Talent-Beschaffung

Erster Freitag im September
Bring-deine-Manieren-mit-zur-Arbeit-Tag

Erster Samstag im September
Welt-Bart-Tag

Erster Sonntag im September
Pet-Rock-Tag (Spielzeug)
Europäischer Tag der jüdischen Kultur

Zweiter Mittwoch im September
Tag der Stille

Zweiter Samstag im September
Fahre-deinen-Studebaker-Tag (amerikanische Automarke)
Tag der deutschen Sprache
Internationaler Tag der Ersten Hilfe

Zweiter Sonntag im September
Tag der Großeltern (USA)
Umarme-deinen-Hund-Tag
Tag des offenen Denkmals

Dritter Dienstag im September
Mach-dich-bereit-Tag

Dritter Freitag im September
Tag der Handwerker
Tag des Bewusstseins für Gehirnerschütterungen
Welt-Grenache-Tag (Rotweinsorte)

Dritter Samstag im September

Tag der Gymnastik

Tag der Küsten- und Strandreinigung

Internationaler Iss-einen-Apfel-Tag

Dritter Sonntag im September

Tag der Ehefrau

Tag des Geotops

Drittes vollständiges Wochenende im September

Tag des Friedhofs

Vierter Montag im September

Familientag

Vierter Donnerstag im September

Vergiss-mich-nicht-Donnerstag (Tieradoption)

Vierter Freitag im September

Umarme-einen-Vegetarier-Tag

Tag der Liebesnotiz

Vierter Samstag im September

Internationaler Tag des Hasen

Europäischer Pilztag

Letzter Mittwoch im September

Bundesweiter Aktionstag zur Glücksspielsucht

Letzter Donnerstag im September

Weltschifffahrtstag

Letzter Freitag im September

Tag des Deutschen Butterbrotes

Letzter Samstag im September

Sichere-deine-Fotos-Tag

Deutscher Lungentag

Letzter Sonntag im September
Internationaler Tag der Gehörlosen
Internationaler Tag der Flüsse

Flexibel im September
Umarme-deinen-Chef-Tag

Tag nach Labor Day
Wirf-noch-mal-einen-Blick-auf-deinen-Krempel-Tag

Erster Montag nach Labor Day
Tag des Rollentauschs zwischen Chef und Angestelltem

Letzter Schultag im September
Stell-eine-dumme-Frage-Tag

Die dümmsten Fragen der Welt
In der Schule heißt es ja immer, es gibt keine dummen Fragen. Aber ist das wirklich so? Wir haben eine Auswahl an »besten dummen Fragen« recherchiert und versuchen sie zu beantworten. (Liebe Schüler, bitte nagelt uns nicht auf die Antworten fest. Sie stammen von Erwachsenen!)

Wie finde ich heraus, welche Seite eines Kartoffelchips salziger ist, ohne sie vorher zu probieren?
Antwort: Verwenden Sie eine große Lupe und zählen Sie bitte die einzelnen Salzkörner. Praktikabel ist diese Lösung allerdings nur für Singles – denn die Tüte ist bei Paaren erfahrungsgemäß leer, bevor Sie den zweiten Chip auf den Objekttisch legen.

Gibt es einen Zauberspruch, der mich in eine Meerjungfrau verwandelt und wirklich funktioniert?
Antwort: Klar gibt's den! Heißt: »Faschingsparty!«, Motto: Tiefsee. Hält aber meist nur für einen Abend und am nächsten Morgen fühlen Sie sich wie eine Qualle.

Mein Drucker kann keine GIFs ausdrucken. Ist er defekt?
Antwort: In diesem Fall hilft nur eins: Ab zur Reparatur, soll sich der Hersteller drum kümmern. Hoffentlich ein Garantiefall!

Tut es weh, wenn man sich ein Foto von der Sonne anguckt?
Antwort: Absoluter Quatsch – aber Vorsicht: Beim Thema Sonnenfinsternis sieht's anders aus. Brillenpflicht! Holen Sie sich am besten gleich eine, bevor die wieder ausverkauft sind …

Ist ein Ei eine Frucht oder ein Gemüse?
Antwort: Hier kann man nichts falsch machen. Erst muss geklärt werden, wer zuerst da war: das Huhn oder das Ei.

Denkt ihr, dass die NASA Wirbelstürme erfunden hat, um den Sound von Raumschiff-Schlachten zu übertönen?
Antwort aus dem NASA-Hauptquartier: Wir wissen nicht, wovon Sie reden. Nennen Sie uns doch bitte Ihren kompletten Namen und Ihre Adresse. Wir kümmern uns schnellstmöglich um Ihr Anliegen.

Darf ich ein Baby per Post verschicken?
Antwort: natürlich! Allerdings bitte folgende zwei Punkte beachten: 1. ausreichend frankieren und 2. den DHL-Boten instruieren: Nachbar »Treppenhaus« heißt nicht zugestellt!

Was für ein Tier ist eigentlich »Kassler«?
Antwort: Kassler zählt zur Art der Fleischthekentiere und taucht in freier Wildbahn nur noch äußerst selten auf. Übrigens: Dasselbe Schicksal hat auch das Lyoner-Tier ereilt. Und noch schlimmer steht es um das Leberwurst-Tier, dem an der Theke oft nur eine Reservistenrolle zugeordnet wird. Deswegen ist dieses Tierchen auch immer so schnell beleidigt.

16. September

Internationaler Tag des Elektromobils
Welttag für die Erhaltung der Ozonschicht
Tag des Kinderkrankenhauses
Tag der Play-Doh-Knete
Zimt-Rosinenbrot-Tag
Tag der Stieffamilie
Sammle-Steine-Tag
Tag der arbeitenden Eltern
Guacamole-Tag
Tag gegen die Fettleibigkeit bei Teenagern

17. September

Internationaler Tag der Country-Musik
Internationaler Tag der Patientensicherheit
Tag der Verfassung (USA)
Apfelknödel-Tag
Tag des Monte-Cristo-Sandwiches
Mach-einen-alten-Freund-ausfindig-Tag
Tisch-Shuffleboard-Tag (Spiel)

18. September

Lies-ein-eBook-Tag
Welt-Bambus-Tag
Umarme-einen-Grußkartenschreiber-Tag
Tag des Respekts
Tag der Wasserüberwachung
Cheeseburger-Tag
Tag der ersten großen Liebe

Sie war blond ...

... hatte kristallklare blaue Augen und ihr Lachen erst ... Mehr verrate ich nicht.

19. September

Sprich-wie-ein-Pirat-Tag
Tag des gesalzenen Karamellpuddings

20. September

Weltkindertag (Deutschland und Österreich)
Tag der Peperoni-Pizza
Punsch-Tag

21. September

Internationaler Tag des Friedens
Welt-Alzheimer-Tag
Minigolf-Tag
Pekannuss-Keks-Tag
Welttag der Dankbarkeit
Tag der Emissionsfreiheit

Rolle(r) rückwärts?

Elektro-Autos gehören mittlerweile ebenso ins Alltagsbild wie
ein Diesel oder Benziner. Als Vorreiter der Elektromobilität gelten
Firmen wie Tesla. Aber in letzter Zeit schlägt die Suche nach der
emissionsfreien Mobilität auch fragwürdige Volten. Gerade in
Großstädten wie Berlin, Hamburg oder München stehen immer
mehr Elektro-Tretroller auf Bürgersteigen und blockieren Geh-
sowie Radwege. Aber das größte Problem ist die Halbwertszeit
dieser Roller. Branchenexperten gehen davon aus, dass sie im
Leihbetrieb höchstens ein halbes Jahr eingesetzt und danach
verschrottet werden müssten. Das ist in Sachen Ökobilanz nicht
gerade überzeugend. Denn Elektroschrott haben wir schon genug auf der Welt. Oder?

22. September

Welt-CML-Tag (chronische myeloische Leukämie)
Welt-autofreier-Tag
Tag der weißen Schokolade
Tag der Kritzelei
Tag des Kettenhemds
Welt-Nashorn-Tag
Tag der Wertschätzung für Elefanten
Tag der Geschäftsfrauen
Tag der Eiswaffel
Hobbit-Tag
Liebes-Tagebuch-Tag

Herzliche Grüße, Ihr Karl Lagerfeld!

Ich habe nie bewusst Tagebuch geschrieben, aber im Leben eines Reporters geschehen manchmal unerwartete Dinge. Und die Hauptaufgabe eines Reporters ist es ja, diese Dinge aufzuschreiben. Meist handelt es sich nur um Notizen, aus denen man ein paar Tage später eine Geschichte verfasst. Zum Beispiel in der Form einer Reportage oder eines Interviews. Blättert man aber Jahre später in diesen Notizen, eröffnet sich einem plötzlich ein Korridor in eine vergangene Zeit.

Im August 2009 lautete mein Auftrag, für das *Süddeutsche Zeitung Magazin* ein Interview mit Karl Lagerfeld zu führen. In meinen Notizen, die sich wie Tagebucheinträge lesen, finde ich heute unter anderem folgende Stichpunkte:

bin von einem fahrer am flughafen nizza abgeholt worden / s-klasse / herrliches anwesen. mit Hausdiener / Frederic?/ blick über die bucht von St.Tropez / überall bücher / bildbände / hunderte / zeitloses interior, weiß / gemütlich, nicht auf protz aus, er »lebt« tatsächlich hier / muss etwas warten / KL erscheint ganz in weiß / sonnenbrille / gepudertes haar, weißer als die möbel / äußerst angenehmer gastgeber / ich darf rauchen und wein/whis-

ky trinken / KL trinkt nur cola light / geübter small talk / mag den typ, weiß aber nicht, warum / vielleicht weil: freier denker? / klug / witzig / unaufdringlich, aber direkt / distanz wahren / nie gedacht, dass KL so angenehm / zu essen: geschälte krabben / zucchini / tomaten

Meine Notizen zu diesem Tag gehen noch weiter, parallel nehme ich das Gespräch mit Karl Lagerfeld auf einer Kassette auf. Ich muss zwei oder drei 90-Minuten-Kassetten in den Rekorder schieben, wir sprechen Stunden. Nicht nur über das eigentliche Thema, das Model Baptiste Giabiconi. Wir sprechen auch über seine Kindheit, über meine, über die Frage, warum man sich als »Außenseiter« fühlt. Wir sprechen über Nicolas Sarkozy (damals Staatspräsident Frankreichs) und Brigitte Bardot (eine seiner Nachbarinnen im Ort). Eigentlich haben wir fast jedes Thema gestreift, das uns einfiel. Nur über Mode haben wir nicht gesprochen. Wahrscheinlich ist ihm früh aufgefallen, dass ich dazu wahrlich nichts Essenzielles zu sagen habe.

KL hat Übernachtung angeboten / abends kommen Models vorbei / Baptiste und andere (auch weibliche!) / auch Brad Kroenig samt Familie / KL Patenonkel von Kroenigs Sohn / keine party, aber zusammen sein / hab abgesagt

Sie werden sich jetzt sicher fragen: Warum hast du abgesagt, warum bist du denn nicht geblieben?! Gute Frage. Ich weiß es nicht mehr genau. Vielleicht fühlte ich mich Karl Lagerfeld schon zu »nah«, kurz: Ich mochte ihn. Aber »Nähe« ist für einen Reporter nie gut. »Nähe« macht angreifbar. Vielleicht schiebe ich dieses Argument aber auch nur vor und war schlicht überrumpelt, als er mich fragte, ob ich bleiben wolle. Und was hätte einer wie ich in dieser Model-St.-Tropez-Gesellschaft zu suchen gehabt? Ich kann ja nicht mal Französisch.

sitze jetzt im hotelzimmer in nizza / warum nicht geblieben? / langweile mich / hätte bleiben sollen / verdammt / frederique anrufen? / nein! anmaßend / rekap: KL außergewöhnlich / ein getriebener / sicher kein einfacher charakter / aber unabhängig im denken / großartiger Typ / zu hause interview noch in dieser woche aufschreiben / muss gut werden

Am nächsten Morgen flog ich zurück nach München. In den darauffolgenden Tagen korrespondierten Karl Lagerfeld und ich übers Fax-Gerät. Ich schickte ihm das Interview zur Autorisierung, er schickte mir seine Anmerkungen. Das Erstaunliche war: Im Vergleich zu vielen anderen Interviewpartnern, die von ihnen ausgesprochene Sätze während des Autorisierungsprozesses gern zurücknehmen, weil sie denken, sie würden ihrem Image schaden oder wären nicht für die Öffentlichkeit vorgesehen, nahm Lagerfeld so gut wie nichts zurück. Seine Anmerkungen glichen jenen eines Chefredakteurs. Er wies mich auf den einen oder anderen Fehler hin, lobte eine Passage mit einem »schön!«, dass er daneben aufs Papier kritzelte, strich unnötige Füllwörter. Ich war nicht nur angenehm überrascht, ich war glücklich über die Korrespondenz. Am Ende stand ein – wie wir fanden – fünfseitiges, sehr amüsantes Gespräch, das am 10. September 2009 im *SZ-Magazin* samt einer Reihe von Lagerfelds Fotos erschien.

Dieses Gespräch ist zwar bereits zehn Jahre alt und obwohl es hier und heute am Liebes-Tagebuch-Tag um Tagebucheinträge geht, möchte ich es Ihnen nicht vorenthalten. Bitte schön:

Ramatuelle an der Côte d'Azur, oberhalb von St-Tropez, Lagerfelds Sommersitz. Es ist ein heißer Tag im August, Frederique, der Butler, schwarze Hose, weißes Jackett, schwarze Krawatte, deckt den Tisch auf der Terrasse: Er serviert geschälte Krabben, dazu in Scheiben geschnittene Zucchini und Tomaten. Zu trinken: ge-

kühltes Wasser, eiskalte Pepsi light. Lagerfeld erscheint nach wenigen Minuten, von Kopf bis Fuß in Weiß. Nur seine Krawattennadel, in Form einer kleinen Koralle, leuchtet rosa. Er erkundigt sich nach der Anreise, beginnt mit Small Talk. Er ist ein geübter Gastgeber, der seinem Gast zum Essen Wein anbietet, obwohl er selbst keinen Schluck trinken würde. Ein nachsichtiger Gastgeber: Rauchen ist erlaubt, obwohl er selbst nicht raucht. Gute Bedingungen für ein Gespräch, zu dem kurz auch das Topmodel Baptiste Giabiconi, Lagerfelds Entdeckung, stoßen wird.

Herr Lagerfeld, wie fänden Sie es, wenn wir über das Weibliche im Mann sprechen?

Karl Lagerfeld: Amüsant. Fragen Sie!

Würden Sie sich als Mann bezeichnen?

Karl Lagerfeld: Ja, als was denn sonst? Ich bin ebenso ein Mann, wie Sie einer sind. Über sexuelle Orientierungen spreche ich nicht, aber die alte Idee von Männlichkeit ist überholt. Jeder Mann hat etwas Weibliches an und in sich.

Sie sprechen von Androgynie?

Karl Lagerfeld: Ich würde eher das französische Wort »l'ambiguïté« verwenden.

Das bedeutet Zweideutigkeit oder auch Zwitterhaftigkeit.

Karl Lagerfeld: Ja, aber Zwitterhaftigkeit ist ein entsetzliches Wort. Dem Weiblichen steht das Männliche nicht mehr gegenüber, beide Seiten vermischen sich. Kennen Sie die Geschichte von dem jungen Italiener, der zur Musterung einberufen wurde?

Nein.

Karl Lagerfeld: Der junge Mann wollte sich vor dem Militärdienst drücken, kam in die Kaserne und musste seine Angaben machen. Name, Geburtstag, Geburtsort, schließlich die Frage nach seinem Geschlecht. Und der in seiner sexuellen Orientierung noch etwas unentschlossene Junge sagt: maskulin, aber nicht fanatisch! Herrlich, nicht?

Ist das ein treffender Ausdruck für Sie: maskulin, aber nicht fanatisch?

Karl Lagerfeld: Ja, diese Idee gefällt mir.

Ihr weibliches Vorbild soll Kriemhild aus der Nibelungen-Saga sein: Kriemhild, die Rächerin.

Karl Lagerfeld: Solange man mich nicht hintergeht, bin ich der netteste Mensch der Welt. Ich fange nie einen Streit an. Aber wenn mir einer blöd kommt, ist es beinahe ein Sport von mir, den Stuhl der betreffenden Person auch zehn Jahre später noch wegzuziehen.

Karl Lagerfeld, die männliche Intrigantin.

Karl Lagerfeld: Mir stehen Mittel zur Verfügung, davon träumen andere nur. Der Witz einer kleinen Intrige besteht ja darin, sich nicht als derjenige preiszugeben, der den Stuhl wegzieht! Man muss die Seife nur aufs Brett schmieren. Der Rest erledigt sich von selbst.

Was empfindet ein Mann wie Sie beim Anblick eines jungen Models wie Baptiste Giabiconi?

Karl Lagerfeld: Das ist abstrakt, ein ästhetisches Gefühl. In etwa dasselbe, wie wenn Sie sich im Museum ein Gemälde anschauen. Baptiste hat etwas Einzigartiges, frei nach Jean Cocteau, ein übernatürliches Geschlecht der Schönheit.

Sie finden, er ist makellos?

Karl Lagerfeld: Schauen Sie ihn an!

Baptiste Giabiconi, der für eine Woche bei Lagerfeld in Ramatuelle zu Besuch ist, wird von Frederique zum Tisch auf der Terrasse begleitet. Er begrüßt Lagerfeld mit Küsschen, reicht dem Gast die Hand.

Baptiste Giabiconi: Bonjour! Ich wollte nicht stören.

Bonjour, Monsieur Giabiconi, Sie stören nicht. Im Gegenteil. Wir haben gerade über Sie gesprochen. Karl Lagerfeld hält Sie für makellos schön.

Baptiste Giabiconi: Haben Sie das gesagt, Herr Lagerfeld?

Karl Lagerfeld: Ja, ja. Bei einem Shooting in Moskau vor ein paar Wochen sagte Naomi Campbell zu Baptiste: »Das ist nicht erlaubt! Wir haben alle irgendeinen Fehler, du hast keinen einzigen.«

Welchen Makel hat denn Naomi Campbell?

Karl Lagerfeld: Ihre Füße. Sie mag ihre Füße nicht.

Baptiste Giabiconi: Ja, ich erinnere mich. Dennoch: Ein hübsches Gesicht und ein gut gebauter Körper sind nur Leihgaben, das sollte man nicht vergessen. Man kann nur daran arbeiten, seinen Look so lange wie möglich zu behalten. Aber am Ende gewinnt immer die Natur.

Wie man auf Ihren Fotos sieht, meint die Natur es ziemlich gut mit Ihnen. Vor einem Jahr haben Sie noch in einer Fabrik in Marseille gearbeitet. Was ist das eigentlich für ein Gefühl, von Karl Lagerfeld fotografiert zu werden?

Baptiste Giabiconi: Wenn ich mit Karl Fotos mache, habe ich das merkwürdige Gefühl, Teil einer tollen Idee, einer Vision zu werden. Ich handle vor der Kamera dann instinktiv.

Wie funktioniert das Zusammenspiel zwischen Ihnen beiden?

Baptiste Giabiconi: Das Wichtigste ist: Wir verstehen uns blind. Manchmal kann ich von ihm geforderte Posen instinktiv erraten. Wir haben aber auch schon Kurzfilme gedreht, um alle Möglichkeiten einer Pose zu entwickeln.

Finden Sie nicht, dass Lagerfelds Bilder einen sehr weiblichen Baptiste zeigen?

Baptiste Giabiconi: Das mag so sein, ist aber keine Absicht. Karl kann eine weibliche Seite bei mir auslösen, ohne dass ich das Gefühl habe, er tue meiner Männlichkeit unrecht.

Darf ich Ihnen eine persönliche Frage stellen?

Baptiste Giabiconi: Sicher.

Sind Sie schwul?

Baptiste Giabiconi: *(lacht)* Nein. Wäre ich schwul, würde meine weibliche Seite auf den Fotos wahrscheinlich anders rüberkommen. Es gibt übrigens relativ wenige erfolgreiche Männermodels, die schwul sind. Denen sieht man die Weiblichkeit nämlich meist auf den ersten Blick an.

Baptiste Giabiconi verabschiedet sich, er ist in St-Tropez verabredet.

Herr Lagerfeld, in den Medien war zu lesen, Baptiste wäre Ihre neue Muse.

Karl Lagerfeld: Das ist Quatsch. Baptiste erinnert mich an die Jünglinge der griechischen Antike, wie ein Gemälde aus der Pinakothek. Männer und Frauen haben fast Angst vor ihm, sie bekommen Komplexe, weil sie sich mit ihm vergleichen.

Haben Sie sich ein bisschen in den Jungen verliebt?

Karl Lagerfeld: »Verliebt« ist das falsche Wort. Er ist mein Schützling. Ich kann mich an ihm nicht sattsehen.

Viele Menschen, die Sie gut kennen, sagen, er hätte auch äußerlich eine große Ähnlichkeit mit dem jungen Karl Lagerfeld.

Karl Lagerfeld: Na ja, ich weiß nicht, ob ich so niedlich war. Ich müsste Bilder aus der Zeit von mir suchen. Aber seine Persönlichkeit ähnelt meiner. Der einzige Unterschied: Ich hätte mich nie nackt fotografieren lassen. Doch Baptiste geniert sich nicht. Das ist ihm gleichgültig. »Wieso?«, fragt er, »jeder weiß doch, wie ein Junge gebaut ist.« Viele Leute haben ja etwas dagegen, nackte Männer zu sehen. Das finden die politisch unkorrekt.

Nehmen wir an, Sie würden eine Biografie schreiben. Wie würden Sie den Abschnitt betiteln, von dem Moment, in dem Sie Baptiste entdeckten, bis heute?

Karl Lagerfeld: Diese Frage habe ich mir noch nicht gestellt. Aber Baptiste kommt mir manchmal fast vor wie mein Adoptivsohn. Wie ein Erbe. Ich muss meine Erfahrungen ja auch einmal weitergeben. Warum nicht an ihn?

Das dürfen Sie anderen Models aber nicht erzählen.

Karl Lagerfeld: Um Gottes willen, nein! Die würden sich wahrscheinlich umbringen, wenn sie das wüssten.

Wäre Baptiste als Erbe denn fähig, all das aufzunehmen, was Sie ihm mitgeben könnten?

Karl Lagerfeld: Eher als jeder andere. Sie haben ihn ja eben erlebt: Er ist ein sehr aufgeweckter, intelligenter junger Mann.

Der perfekte Sohn.

Karl Lagerfeld: Ja. Nur: Ich habe ja nie Kinder gewollt.

Haben Sie es nie vermisst, eine Familie zu gründen?

Karl Lagerfeld: Nein, nein. Wäre ich eine Frau, hätte ich schon Kinder haben wollen. Aber was ich nicht kenne, kann mir nicht fehlen.

Herr Lagerfeld, wenn Baptiste für Sie eine Art Erbe ist, was passiert eigentlich mit Chanel, wenn Sie nicht mehr sind?

Karl Lagerfeld: Ich will natürlich nicht, dass diese tolle Firma vor die Hunde geht. Die Besitzer, die Familie Wertheimer, waren immer sehr nett zu mir, sie sagen: Wenn Sie Chanel nicht mehr wollen, Herr Lagerfeld, dann verkaufen wir. Das ist das größte Kompliment! Und ans Danach denke ich nicht, ich halte mich sowieso für unsterblich.

Nachdem unser Gespräch im *SZ-Magazin* erschienen war, schrieb mir Karl Lagerfeld von der Resonanz, die das Interview in seinen Kreisen erfahren hatte. Ich erzählte ihm vom Medienecho in Deutschland. Er schrieb in einem Brief: »Besser hätte man das nicht machen können.« In den darauffolgenden Monaten schrieb mir Lagerfeld immer mal wieder einen handgeschriebenen Brief – auf Papier mit goldenem Rand. Er schickte mir auch Fotos, die er gemacht hatte, und fragte nach meiner Meinung dazu. Einer seiner letzten Briefe kam im Januar 2010: »Cher Ami, meine besten Wünsche für ein tolles neues Jahr! 1.000 Dank für die Fotos, die Sie zurückgeschickt haben. Es ist 100 % o. k., dass Sie 3 Bilder – wie versprochen – behalten. Herzliche Grüße, Ihr Karl Lagerfeld.«

Karl Lagerfeld ist am 19. Februar 2019 gestorben. Als ich die Nachricht auf meinem Smartphone las, überkam mich ein Gefühl der tiefen Trauer, wie ich sie selten bei einem Menschen erlebt habe, den ich nur einmal in meinem Leben persönlich getroffen habe.

23. September

Welttag der Gebärdensprache
Tag des Bewusstseins für das Syndrom der ruhelosen Beine
Tag des Cockerspaniels »Checkers« (Rede von Richard Nixon)
Tag des Übernatürlichen
Tag der Bisexualität

24. September

Cherries-Jubilee-Tag (Dessert)
Tag der Zeichensetzung

25. September

Welt-Apotheker-Tag
Tag der Zahngesundheit
Welt-Traum-Tag
Tag des Comicheftes
Tag der Psychotherapie
Koch-Tag
Tag des exzessiven Serienmarathons
Tag des besseren Frühstücks
Tag der One-Hit-Wonder

26. September

Europäischer Tag der Sprachen
Internationaler Tag für die vollständige Beseitigung der Kernwaffen
Johnny-Appleseed-Tag (amerikanische Folklore)
Tag des Holzfällers
Fitness-Tag

27. September

Welttourismustag
Zerdrücke-eine-Dose-Tag
Tag der Würdigung der Vorfahren
Tag der Moderatoren im Frühstücksfernsehen
Corned-Beef-Hash-Tag (irisches Gericht)

28. September

Internationaler Tag des allgemeinen Informationszugangs
Welt-Tollwut-Tag
Trink-Bier-Tag
Tag der guten Nachbarschaft
Tag der Erdbeer-Cremetorte
Internationaler Poké-Tag (hawaiianischer Fischsalat)

29. September

Welt-Herz-Tag
Tag der Endometriose
Tag des italienischen Biscotti-Mandelgebäcks

30. September

Internationaler Tag des Übersetzens
Internationaler Podcast-Tag
Tag der Fangopackung (Mineralschlamm)
Tag des nativen Olivenöls extra
Heißer-Glühmost-Tag

Oktober

1. Oktober

Internationaler Tag der älteren Menschen
Internationaler Tag des Kaffees
Tag des vorbeugenden Brandschutzes (Deutschland)
Europäischer Tag der Depression
Welt-Musik-Tag
Tag des CD-Players
Tag der englischen Grafschaft Lincolnshire
Weltvegetariertag

2. Oktober

Internationaler Tag der Gewaltlosigkeit
Tag der Reinigungskräfte
Welt-Nutztier-Tag
Internationaler Tag der Phileas-Fogg-Wette (Weltumrundung in 80 Tagen)
Gib-deinem-Auto-einen-Namen-Tag

Gib Gummi!

Automobilen Namen zu verpassen hat eine sehr lange Tradition – vor allem in Filmen und Serien. Hier kommen drei Klassiker, die Sie wahrscheinlich noch sehr gut kennen und sicher auch gern mal gefahren wären. Vielleicht dient Ihnen einer der drei ja als Inspiration?

K.I.T.T.

1982 eroberte die Kultserie »Knight Rider« mit David Hasselhoff in der Hauptrolle die TV-Bildschirme. Erst in den USA, ab 1985 auch in Deutschland. Zentraler Bestandteil: das Auto. K.I.T.T. (kurz für Knight Industries Two Thousand) war ein modifizierter, schwarzer Pontiac Firebird Trans Am und konnte denken, sprechen und autonom fahren. Legendäre Funktionen waren der Turbo Boost und der Super Pursuit Mode.

Das Bluesmobile

Neben der Musik hatte der Film »Blues Brothers« (1980) noch einen weiteren Hauptdarsteller: den Dodge Monaco, Baujahr 1974. 103 Autos wurden in dem Film zu Schrott gefahren, das Bluesmobil hinterließ eine Spur der Verwüstung und war selbst unverwüstlich. Großes Kino!

Herbie

Der kleine Käfer mit der großen Persönlichkeit. In sechs Filmen spielte der perlweiße Wunderwagen mit Faltdach bereits die Hauptrolle. 1968 bretterte er zum ersten Mal über die Leinwände. Jim Douglas und der eigenwillige Volkswagen mit der Startnummer 53 sind ein unschlagbares Team.

3. Oktober

Tag der Deutschen Einheit
Tag der offenen Moschee
Tag des festen Freundes
Virus-Tag
Tag des Techniknarrs

4. Oktober

Welttierschutztag
Tag der Flaschenschiffe
Tag der Zimtschnecke
Wodka-Tag
Hübsche-deinen-Arbeitsplatz-auf-Tag
Taco-Tag (gefüllte Maistortilla)
Nimm-deine-Bibel-mit-zur-Schule-Tag

5. Oktober

Welttag der Lehrerinnen und Lehrer
Tag der Epilepsie (DACH-Region)
Welt-Seifenblasen-Tag
Tag des Gästehauses
Tag des modischen Spions

6. Oktober

Tag der fiktiven Gestalt »Der Hutmacher« (Alice im Wunderland)
Dachs-Tag
Nudel-Tag (englischsprachiger Raum)
Welttag der (infantilen) Zerebralparese (Lähmung)

7. Oktober

Tag der Stammzellen- und Knochenmark-Spende
Tag des Morgenmuffels
Frappé-Tag
Badewannentag

Regenduschen sind kein Ersatz

Badewannen sind etwas Wunderbares. Erst lässt man sie mit warmem oder heißem Wasser volllaufen, und dann steigt man zum Entspannen in eine andere Welt. Aber ich habe das Gefühl, dass Badewannen verschwinden. Woher die Vermutung? Wer beruflich viel unterwegs ist, wird meine Auffassung teilen. Kaum eine der Mittelklasse-Hotelketten (von »Motel One« über »Ramada« bis »NH Hotels«) bietet noch Badewannen an. Wer die Bäder der Zimmer betritt, steht in durchdeklinierten Nasskabinen mit dem passenden Hoteldesign. Gut, manche haben diese Regenduschen. Doch die sind kein Ersatz. Wollte ich nur mal loswerden. Liebe Hotelbesitzer, gebt uns die Badewanne zurück!

8. Oktober

Welt-Tintenfisch-Tag
Tag der Pirogge (gefüllte Teigtasche)
Tag der Gespräche über das Wetter und des Small Talks
Welttag der Buchhandlungen
Tag des Fangspiels
Tag des medizinischen Assistenzberufs

9. Oktober

Welt-Post-Tag
Tag des Schimmelkäses
Brandschutz-Tag
Tag des OP-Kittels
Bier-und-Pizza-Tag
Tag der merkwürdigen Ereignisse

Déjà-vu in der Matrix

Seitdem Keanu Reeves im Film »Matrix« zwei Mal kurz nacheinander eine schwarze Katze im Treppenhaus sah und bei Morpheus nachfragte, ob das normal sei, ist klar: Jedes Déjà-vu ist ein Fehler in der Matrix und bedeutet, dass sich Aliens in unerlaubter Weise in unseren Alltag einmischen und Böses im Schilde führen! – Was?! Sie kennen den Film nicht oder erinnern sich nicht daran?! Gut, dann noch mal für Anfänger: Als Déjà-vu bezeichnen Psychologen eine Wahrnehmungstäuschung. Eine Person glaubt, ein gegenwärtiges Ereignis früher schon einmal erlebt zu haben.

So weit, so gut. Das Problem mit Déjà-vus ist: Etwa 50 bis 90 Prozent aller Menschen hatten mindestens einmal ein Déjà-vu-Erlebnis, haben aber vergessen, wo und wann es zuletzt auftrat. Die Wissenschaft tappt jedenfalls im Dunkeln. Keiner kann das Phänomen wirklich erklären. Die Erklärung aus »Matrix« ist deshalb nicht wahr. Aber sie ist zumindest amüsant und geht so: Unsere Welt ist nicht real. Wir leben in einer Scheinwelt, der Matrix. Diese Matrix wurde von einer künstlichen Intelligenz gebaut, um uns zu täuschen. Um uns friedvoll zu stimmen. Um uns auszunutzen. Klingt irgendwie sehr merkwürdig, hm? – Mag sein. Aber bevor Sie mir keine plausiblere Erklärung liefern, halte ich mich an Keanu Reeves.

10. Oktober

Welttag für psychische Gesundheit
Internationaler Tag gegen die Todesstrafe
Welt-Obdachlosen-Tag
Handtaschen-Tag
Welt-Porridge-Tag (Haferbrei)
Tag des Kuchenverzierens
Umarme-einen-Schlagzeuger-Tag
Welthundetag

11. Oktober

Tag des Coming-outs
Tag der Würstchen-Pizza
Internationaler Tag des Mädchens

12. Oktober

Weltarthritistag
Welttag der spanischen Sprache
Internationaler Tag der Frustrationsschreie
Tag der alten Bauern
Pulled-Pork-Tag (Zupfbraten)

13. Oktober

Internationaler Tag der Katastrophenvorbeugung
Welt-Thrombose-Tag
Kein-BH-Tag (Kampf gegen Brustkrebs)
Trainiere-dein-Gehirn-Tag

14. Oktober

Weltnormentag
Tag der Nachspeise
Internationaler Tag des Kreisels
Glücklich-trotz-Glatze-Tag

Die Glatze führte sie zum großen Erfolg

Pep Guardiola, Jürgen Vogel, Seal, Bruce Willis, Meister Propper, Dwayne Johnson, Detlef Soost, Kojak, Andre Agassi, Yul Brynner, Zinédine Zidane, Stanley Tucci, Christian Berkel, Woody Harrelson, Vin Diesel, Jason Statham … alle diese Männer haben eins gemeinsam: sie tragen Glatze – und gehören sehr wahrscheinlich nicht zu jenen, die aufgrund dieser Tatsache betrübt wären. Im Gegenteil: Ich würde sogar die Theorie aufstellen, dass erst mit der Glatze der große Erfolg kam. Gut, Andre Agassi sah wirklich besser aus mit langen Haaren. Und erfolgreich war er im Tennis auch schon ohne Platte. Aber hey, erst als er Steffi kennenlernte, kam der »ewige Rebell« zur Ruhe und fand im Familienleben den wahren Sinn seines Lebens. Sagt er zumindest.

15. Oktober

Internationaler Tag des weißen Stockes (Blinde und Sehbehinderte)
Internationaler Tag der Frauen in ländlichen Gebieten
Welttag des Händewaschens
Pollo-Cacciatore-Tag (italienisches Geflügelrezept)

Erster Montag im Oktober
Welttag des Wohn- und Siedlungswesens
Welttag der Architektur
Welttag des Vorbeugens von Mobbing

Erster Sonntag im Oktober
Glühbirnen-Austauschtag

Erster Mittwoch im Oktober
Tag der willkürlichen Gedichte
Welt-Ballon-Tag

Erster Freitag im Oktober
Tag der Musikerziehung für Kinder
Welttag des Lächelns

Erster Samstag im Oktober
Welttag des Grußkarten-Bastelns

Zweiter Montag im Oktober
Tag der amerikanischen Ureinwohner
Ehrentag von Christopher Kolumbus

Zweiter Dienstag im Oktober
Tag der selbstständigen Unternehmer
Ada-Lovelace-Tag (britische Mathematikerin)
Stell-dich-deinen-Ängsten-Tag

Murphys Gesetz
Jeder von uns hat Angst. Jeder hat Phobien. Bei manchen sind sie
ausgeprägter als bei anderen. Beispiel: Arachnophobie, die Angst
vor Spinnen. Kann ich nachvollziehen. Ich springe zwar nicht
gleich an die Decke, wenn so eine Hausspinne in der Ecke liegt,
aber ich würde eine Bananenspinne (Phoneutria, giftigste Spinne
der Welt) auch nicht freiwillig in die Hand nehmen. Ich habe einen
Bekannten, der leidet unter Aviophobie. Flugangst. Deshalb nimmt
er immer Zug, Auto oder Schiff. Wenn er fliegen muss, kauft er

sich Schlaftabletten. Einer meiner Kollegen hat Kynophobie, die Postboten-Angst. Er geht Hunden aus dem Weg. Da andere Kollegen ihre Hunde ins Büro mitbringen, macht er gern Homeoffice. Ein Schulkamerad litt in der Schule unter Gelotophobie. Er hatte Angst, von uns ausgelacht zu werden. Heute ist er Vorstandsmitglied eines börsennotierten Unternehmens und organisiert jedes Jahr ein Abi-Treffen, um uns seinen Erfolg zu präsentieren. – Ich hatte mal eine Freundin, die litt unter Paraskavedekatriaphobie. Sie hatte Angst vor »Freitag, dem 13.« Es interessierte sie nicht, dass statistisch gesehen an einem »Freitag, den 13.« nicht mehr oder weniger Unfälle als an jedem anderen Tag passieren. Wir trennten uns an einem Freitag, den 13. Kein Scherz. Murphy's Gesetz: »Alles, was schiefgehen kann, wird auch schiefgehen.«

Zweiter Mittwoch im Oktober

Tag der Haustier-Fettleibigkeit
Nimm-deinen-Teddybär-mit-zur-Arbeit-und-Schule-Tag
Tag der Notfall-Krankenschwester

Zweiter Donnerstag im Oktober

Welttag des Sehens

Zweiter Freitag im Oktober

Tag der tiermedizinischen Fachangestellten
Welt-Ei-Tag

16. Oktober (falls am Wochenende: der nächstgelegene Arbeitstag)

Tag des Vorgesetzten

Tipps und Tricks

Sie sind schnell dahingesagt, können auf Dauer aber schwerwiegende Folgen haben. Diese beiden Sätze sollten Sie gegenüber Ihrem Chef lieber für sich behalten.

»Dafür bin ich nicht zuständig.« Oh, oh. Sie ziehen die »Not my business«-Klausel und beharren auf den passgenauen Text in Ihrem Arbeitsvertrag. Okay, ist Ihre Sache, aber das kann sehr schnell nach hinten losgehen. Eine Aufgabe kategorisch abzulehnen ist nicht nur unkollegial, sie kann auch als Majestätsbeleidigung verstanden werden. Versuchen Sie sich lieber als Teamplayer, sprechen Sie sich mit Ihren Kollegen intern ab und verteilen Sie die Aufgabe auf mehrere Schultern. Vergessen Sie dabei nicht, Ihren Vorgesetzten von Ihrem Vorgehen in Kenntnis zu setzen. Sie werden sehen: Irgendwann wird sich das in der wichtigsten Zahl in Ihrem Arbeitsvertrag bemerkbar machen.

»Grundsätzlich mache ich das gerne, aber ...« Oh, oh. Sie suchen den »Aber«-Ausweg. Ihr Chef wird denken, Sie haben immer etwas zu nörgeln – und sich womöglich dreimal überlegen, ob er Ihnen oder lieber Ihrem engagierten Kein-Aber-Kollegen das nächste wichtige Projekt übergibt. Das heißt natürlich nicht, dass Sie ein Ja-Sager werden sollen und vor Ihrem Chef im Staub kriechen sollen. Weisen Sie ihn vorsichtig auf Stolperfallen der angedachten Arbeitsteilung hin und suchen mit ihm gemeinsam nach Auswegen.

Zweiter Samstag im Oktober
Tag der Naturheilkunde
Weltzugvogeltag

Zweiter Sonntag im Oktober
Tag der Großmutter

Dritter Montag im Oktober
Bereinige-deinen-Desktop-Tag

Dritter Mittwoch im Oktober
Welttag der Würde
Tag der Schleimaale

Dritter Donnerstag im Oktober
Tag der Konfliktlösung
Lerne-mit-Krediten-umzugehen-Tag

Dritter Samstag im Oktober
Tag des süßen Geschmacks
Brücken-Tag (Base-Jumping)
Ich-liebe-Garn-Tag

Dritter Sonntag im Oktober
Tag des traditionellen Handwerks im Erzgebirge
Welttag der Spielzeugkamera

Vierter Samstag im Oktober
Bewirke-etwas-Tag

Vierter Sonntag im Oktober
Tag der Schwiegermutter

Letzter Freitag im Oktober
Internationaler Bandana-Tag (Kopf-/Halstuch)

Letzter Samstag im Oktober
Umarme-ein-Schaf-Tag

Letzter Arbeitstag vor dem 31. Oktober
Weltspartag

Flexibel im Oktober
Lade-deine-Eltern-zum-Mittagessen-ein-Tag

16. Oktober

Welttag des Brotes
Welternährungstag
Tag des Wörterbuchs
Tag zum Gedenken an Steve Jobs
Wildkatzen-Tag
Tag des Kaufhauses

17. Oktober

Internationaler Tag für die Beseitigung der Armut
Tag der Tabellenkalkulation
Zieh-etwas-Knalliges-an-Tag
Tag der zweiten Chance
Tag der Spielkarten-Sammlung
Verzeihe-einem-Ex-Partner-Tag

18. Oktober

Tag des Schokoladen-Cupcakes
Alaska-Tag (Jahrestag der formellen Übergabe an die USA)
Kein-Bart-Tag

19. Oktober

Reflektiere-dein-Leben-Tag
Internationaler Gib-deinem-Fahrrad-einen-Namen-Tag

20. Oktober

Welt-Osteoporose-Tag
Welt-Statistik-Tag (alle fünf Jahre)

Tag des Grabsteins
Tag der Bürgermedien (Form zivilgesellschaftlicher Medien)
Schokolade-am-Arbeitsplatz-Tag
Internationaler Tag der Köche
Tag der in Schnaps eingelegten Früchte
Hosenträger-Tag
Tag der Informationsüberlastung
Internationaler Tag des Faultiers
Tag der Kellnerinnen und Kellner

21. Oktober

Tag des Apfels
Tag der Kinderseiten (Internet)
Tag der Reptilien
Zähle-deine-Knöpfe-Tag
Welt-Gin-Tonic-Tag (Longdrink)

22. Oktober

Internationaler Tag des Stotterns
Nuss-Tag
Schlau-sein-ist-cool-Tag
Internationaler Tag der Feststelltaste

23. Oktober

Tag der Talkshow-Moderatoren
Boston-Cream-Pie-Tag (amerikanischer Kuchen)
Tag des Maulwurfs
Tag der (Event-)Veranstalter
iPod-Tag

24. Oktober

Tag der Vereinten Nationen
Welttag der Information über Entwicklungsfragen
Tag der Bibliotheken
Fleischwurst-Tag
Welt-Kutteln-Tag (Pansen von Wiederkäuern)

25. Oktober

Internationaler Tag der Künstler
Tag des sauren Geschmacks
Einen-Tag-lang-Punk-sein-Tag
Tag des fettigen Essens
Welttag der Pizzabäcker
Welt-Pasta-Tag

Welttag der Pizzabäcker und Welt-Pasta-Tag ...
... an ein und demselben Tag? Da kann doch nur die Mafia da-
hinterstecken. – Deshalb nach dem Abendessen den besten
Mafia-Film aller Zeiten ansehen: »Der Pate« mit Marlon Brando
und dem noch sehr, sehr jungen, aber famosen Al Pacino. Für
Bücherwürmer: Die Romanvorlage stammt von Mario Puzo.

26. Oktober

Heule-den-Mond-an-Tag
Tag der Pastetenfüllung
Kürbis-Tag

27. Oktober

Tag des audiovisuellen Erbes

Mit-Absicht-Geld-verlieren-Tag
Tag der schwarzen Katze (GB)
Tag der amerikanischen Marine
Tag der launenhaften Arbeitskollegen

28. Oktober

Welt-Polio-Tag
Tag der Plüschtier-Liebhaber
Tag der Animation

29. Oktober

Welt-Internet-Tag
Welttag der Schuppenflechte
Tag der Katze (USA)

30. Oktober

Tag der Checklisten
Nacht des spukenden Kühlschranks (Kühlschrank ausräumen)
Plane-ein-großartiges-Begräbnis-Tag
Candy-Corn-Tag (Süßigkeit)
Tag des Kinnkraulens

31. Oktober

Reformationstag
Halloween
Welttag der Städte
Tag des Karamell-Apfels
Tag der Zauberei

November

1. November

Allerheiligen
Weltveganertag
Internationaler Tag des Einhorns
Tag der frittierten Muschel
Essig-Tag
Tag der Autoren
Noch-einen-Schritt-weiter-gehen-Tag
Kocht-für-eure-Haustiere-Tag

2. November

Internationaler Tag zur Beendigung der Straffreiheit für Verbrechen
 gegen Journalisten
Tag des gefüllten Eis
Ehrentag für Hom Jay Dinshah (Vater der modernen Veganer-Bewegung in Amerika)

3. November

Hubertustag
Tag der Süßigkeiten
Tag der Qualle
Floskel-Tag
Tag der Hausfrau
Sandwich-Tag
Weltmännertag

Nix für Frauen!

Das Buch »Ein Mann, ein Buch« ist das beste Geschenk für den
Mann im Mann. Er lernt, wie man eine Boeing 747 landet, einer
Frau richtig die Füße massiert oder einen Hai-Angriff abwehrt.
Mit einem Augenzwinkern erzählt, aber immer fachlich korrekt,
werden hier alle männlichen Herausforderungen beschrieben.
Übrigens: Wie zerlegt man noch mal einen Hasen?

4. November

Benutze-deinen-gesunden-Menschenverstand-Tag

5. November

Welttag für Tsunami-Aufklärung
Tag des Schießpulvers (Sprengstoff-Attentat auf englisches Parlament)
Liebe-dein-rotes-Haar-Tag

6. November

Internationaler Tag für die Verhütung der Ausbeutung der Umwelt in Kriegen
   und bewaffneten Konflikten
Nachos-Tag
Tag des Saxofons

7. November

Umarme-einen-Bären-Tag (Kuscheltier)
Tag der Zartbitter-Schokolade mit Mandeln

8. November

Internationaler Tag der Putzfrau
Welttag der Kinder krebskranker Eltern
Welttag der Stadtplanung
Cappuccino-Tag
Tag des Harvey Wallbangers (Cocktail)
Tag der Röntgenstrahlen
Koche-etwas-Kühnes-und-Scharfes-Tag
Welt-Qualitäts-Tag
Tag der Guinness-Weltrekorde

9. November

Chaos-stirbt-nie-aus-Tag
Scrapple-Tag (Braten aus gehackten Schweinefleischresten)
Gedenktag der Reichspogromnacht
Welttag der Freiheit (Fall der Berliner Mauer)
Tag der Erfinder

Hedy & Walter
In Deutschland, Österreich und der Schweiz gedenken Weltta-
ge-Kenner heute der in Wien geborenen Erfinderin und Schauspielerin Hedy Lamarr (Buch-Tipp: »Hedy Darling« Autor: ihr Sohn
Anthony Loder). Die Gegnerin des NS-Regimes entwickelte unter
anderem eine Torpedo-Funkfernsteuerung (Ja!) für die Alliierten.
Im Fokus steht aber in diesem Buch auch der Amerikaner Walter
Hunt. Er ist gleich für mehrere Erfindungen verantwortlich. Wer
bisher aufmerksam mitgelesen hat, weiß auch welche.

10. November

Weltwissenschaftstag für Frieden und Entwicklung
Tag der Sesamstraße
Geburtstag des Marineinfanteriekorps (USA)
Vergiss-mich-nicht-Tag (verwundete Soldaten)
Tag des Vanille-Cupcakes
Tag der Ortsvorwahl

11. November

Origami-Tag
Tag der Singles
Tag der Mikado-Stäbchen (Süßigkeit)
Eisbecher-Tag

12. November

Pizza-mit-allem-aber-ohne-Sardellen-Tag
Hühnersuppe-für-die-Seele-Tag (Buchreihe)
Tag der Happy Hour
Tag der Farbratte und -maus
Tag der schlechten Wortspiele

13. November

Welt-Nettigkeitstag
Tag des Bloggens
Symphonic-Metal-Tag (Musikgenre)
Tag des Maispuddings

14. November

Weltdiabetestag
Tag des Lochers
Mach-dich-locker-Tag
Tag der scharfen Guacamole
Tag der Operationsschwester
Tag der Essiggurke

15. November

Deutscher Magentag
Putze-deinen-Kühlschrank-Tag
Tag des würzigen Hermit Cookies
Amerika-recycelt-Tag
Tag der Philanthropie
Gugelhupf-Tag
Ich-liebe-Schreiben-Tag

Anfang November
Magen-Darm-Tag

Erster Montag im November
Tag des zufriedenstellenden Jobs
Tag der Experten für Verkehrstechnik

Erster Mittwoch im November
Tag des unkontrollierbaren Augenzitterns
Tag des Bewusstseins für Stress

Erster Donnerstag im November
Internationaler Tag des Projektmanagements
Männer-kochen-Tag

Erster Freitag im November
Tag des Füllfederhalters
Liebe-deinen-Anwalt-Tag

Erster Samstag im November
Welttag des Ameisenbeutlers

Erster Sonntag im November
Orphan Sunday (kirchlicher Gedenktag für Waisenkinder)
Keine-Aufgaben-Tag

Hallo, Matthias! Ich bin's!
Ich hatte mal einen Schulkamerad. Matthias. Dessen Leitspruch
hieß: »Es gibt immer was zu tun.« Er war ein sehr fleißiger Kerl.
Ich fand immer, ein fauler Tag zwischendurch kann nicht schaden. Der heutige Keine-Aufgaben-Tag soll uns rechtzeitig vor
dem Weihnachts- und Geschenke-Trubel zur Ruhe kommen lassen. Ich ruf Matthias gleich mal an und frag ihn, was er heute so
macht. Vielleicht hat er ja einen Tipp, wie ich den baldigen Weih-
nachtsstress umgehen kann.

Zweiter Montag im November
Welttag der Waisenkinder

Zweiter Mittwoch im November
Welttag der chronisch-obstruktiven Lungenerkrankung

Zweiter Sonntag im November
Internationaler Zungenbrecher-Tag

Schöne Grüße aus dem Pentagon

Ohne Vorwarnung geht's gleich in die Vollen: »Blaukraut bleibt Blaukraut und Brautkleid bleibt Brautkleid.« Ganz ehrlich? Ich habe mich schon beim Schreiben drei Mal vertippt, da hatte ich den Satz (eigentlich sind es ja zwei durch ein »und« verbundene Hauptsätze) noch gar nicht ausgesprochen.

Und nur mal unter uns: Ich glaube, Zungenbrecher wurden erfunden, um kleine Kinder zu foltern, ohne es Folter nennen zu müssen. Sie wissen schon. Schöne Grüße aus dem Pentagon. Stichwort: Waterboarding. – Okay, ist ein völlig anderes Thema, und vom Waterboarding bricht einem nicht die Zunge, es ist vielmehr eine brutale, ausgeklügelte Foltermethode, um den Willen Gefangener zu brechen. Doch das Prinzip ist doch dasselbe, oder? Stichwort: gewagte These!

Angeblich sorgen Zungenbrecher ja dafür, dass wir unsere Artikulation und Aussprache verbessern. Aber welcher tiefere Sinn steckt hinter dem Satz »Achtzig alte Ameisen aßen am Abend achtzig Ananas«? Und dass »Fischers Fritze« frische Fische fischt ist ja wohl eine Selbstverständlichkeit! Was soll der denn sonst fischen? Faulende Faulquappen?

Oder haben Sie schon mal zwanzig zwitschernde Zugvögel zwischen zweiundzwanzig schwankenden Zwetschgenzweigen gesehen, geschweige denn gehört? Eben! Völlig absurd wird's aber hier: »Was will wohl Willi Walross? Winkt Willi wirklich wahllos? Willi winkt Wally Walross! Wird Willi Wallys Walboss?« Wenn

Sie mir jetzt erklären können, wie ich das meinem Kind erklären soll, werde ich meine Weltanschauung zum Waterboarding das nächste Mal wohlwollend weglassen. Wort!

Um den zweiten Sonntag im November herum

Weltweiter Gebetstag für verfolgte Christen

Dritter Dienstag im November

Tag der Unternehmer

Dritter Donnerstag im November

Welttag der Philosophie
Tag des sozialen Unternehmens
Tag des Beaujolais-Weins
Verwende-weniger-Kram-Tag

Dritter Freitag im November

Deutscher Vorlesetag

Dritter Sonntag im November

Weltgedenktag für die Straßenverkehrsopfer

Vierter Donnerstag im November

Tag der Trauer (amerikanische Ureinwohner)
Thanksgiving
Thanksgiving-ohne-Truthahn-Tag

Vierter Freitag im November

Tag der Zahnreinigung

Vierter Sonntag im November

Internationaler Tag der Ausstrahlung (Aura)

Letzter Freitag im November

Tag des Systemingenieurs

Letzter Samstag im November
Kauf-nix-Tag (Europa)

Tag vor Thanksgiving
Jukebox-Tag
Zieh-eine-Schürze-an-Tag

Tag nach Thanksgiving
Mais-Tag
Tag des Zuhörens (USA)
Tag des Ausrufs »Gern geschehen«
Tag der Mahlzeit über der Küchenspüle

Freitag nach Thanksgiving
Kauf-nix-Tag (USA)
Black Friday (Tag der Sonderangebote und Rabatte im Einzelhandel)

Samstag nach Thanksgiving
Samstag der Kleinunternehmen

Zwei Sonntage vor dem ersten Adventssonntag
Volkstrauertag

Mittwoch während der amerikanischen Bildungswoche
Tag der Arbeiter in und für Bildungseinrichtungen

Montag nach Black Friday
Cyber Monday (Rabatte von Online-Shops)

Dienstag nach Cyber Monday
Dienstag des Schenkens

16. November

Internationaler Tag für Toleranz
Feiere-mit-deinem-Teddybären-Tag
Tag des Knopfes
Fast-Food-Tag

17. November

Weltstudententag (Studentenproteste in Prag)
Tag des selbst gemachten Brotes
Internationaler Tag der deutschen Biersorte Gose
Geh-wandern-Tag
Welttag der Frühgeburt
Tag des Entfreundens
Tag des Erdöls
Baklava-Tag

Anruf bei Mama

»Aber, Junge, das ist doch kein Problem«, sagte meine Mutter am Telefon. Und fing sofort an aus ihrem Gedächtnis zu rezitieren: »Die geschmolzene Butter mit den Nüssen mischen. Die Backform auch mit flüssiger Butter bepinseln. Blätterteig auf die Backform und wieder mit der Butter bestreichen. Auf die dritte Lage kommen die Nüsse. Dann wieder von vorn. Nur Butter, drei Lagen, dann Nüsse. Gut?«

Selber schuld. Ich hatte ja gefragt, wollte unbedingt wissen, wie man Baklava macht. Jetzt hatte ich den Salat und versuchte beim Mitschreiben, ihr Tempo mitzugehen.

»Ab in Ofen damit, 200 Grad, bis es braun wird! Hast du das?«, fragte sie ungeduldig. Ich nickte. Sie konnte unmöglich gesehen haben, wie ich nickte, sprach aber dennoch weiter.

»Den Zucker ins Wasser, ein Liter, nicht mehr, hörst du? Dann aufkochen, die in Scheiben geschnittenen Zitronen rein. Hallo?!

Bist du noch dran?« – »Ja, ja!«, rief ich. – »Gut. Den Sirup kannst du anschließend mit einem Löffel über den kalten Teig gießen. Hast du das auch?« Ich stöhnte.

»Und die Pistazien?«, fragte ich.

»Na draufstreuen, Junge, was denn sonst?«, rief sie – und legte kurz danach auf. Im Fernsehen lief »Bares für Rares«, ihre Lieblingssendung.

Wer's probieren will, hier die Zutaten:
1 Packung (= 12 Stück) Blätterteig, 200 g Butter, 200 g Walnüsse gehackt, 200 g Walnüsse gerieben, 1 Handvoll Semmelbrösel, 700 g Zucker, 4 Zitronen, gehackte Pistazien zum Garnieren, 1 Liter Wasser. Tipp: Erst mal zwei Tage in den Kühlschrank. Danach schmeckt's Bombe.

18. November

Tag des Apfel-Ciders
Tag des Okkulten
Vichyssoise-Tag (kalte gebundene Gemüsesuppe)
Tag der Prinzessin
Tag der Adoption
Tag der Geoinformationssysteme
Mickey-Mouse-Tag
Tag der Unterkunft (Obdachlosigkeit)

19. November

Internationaler Männertag
Welttoilettentag
Tag der Suppe
Tag der kohlensäurehaltigen Getränke mit Koffein
Spiel-Monopoly-Tag
Hab-einen-schlechten-Tag-Tag

20. November

Internationaler Tag der Kinderrechte
Tag der Industrialisierung Afrikas
Tag des Erdnussbuttertoffees
Tag der Absurdität
Gib-deinem-PC-einen-Namen-Tag
Deutscher Lebertag

21. November

Welttag des Fernsehens
Welt-Hallo-Tag (Antwort auf Jom-Kippur-Krieg)
Tag des roten Fausthandschuhs (Unterstützung kanadischer Athleten)
Keine-Musik-Tag
Tag der (Braten-)Füllung
Tag des falschen Geständnisses

Krieg gegen den Terror

Falsche Geständnisse können aus den unterschiedlichsten Beweggründen abgelegt werden. Die gängigste Art geschieht unter Folter. Selbst der Hartgesottenste unter uns wird Taten gestehen, von denen er das erste Mal hört – nur um der angedrohten Folter zu entgehen.

Erschreckendstes Beispiel der jüngeren Vergangenheit: das Abu-Ghuraib-Gefängnis im Irak, wo Folter und Erniedrigung nicht nur auf der Tagesordnung stand. Beides war so alltäglich, dass es zur Belustigung der Soldaten, Sicherheitsbeamten und deren Kameraden ungeniert dokumentiert wurde. Weltberühmt: das Foto, auf dem eine US-Soldatin einen nackten Gefängnis-Insassen wie einen Hund an der Leine hält.

In Abu Ghuraib und auch an anderen Standorten kamen im »Krieg gegen den Terror« alle Arten von Foltertechniken zur Erlangung von Geständnissen zum Einsatz. Hollywood-Thriller sind dagegen

schnöder Kinderkram: Elektroschocks, das Ausreißen von Finger-
nägeln, das Aufhängen kopfüber, Waterboarding. Um letzteres
gab es sogar eine ernsthaft geführte Debatte. Alberto Recuerdo
Gonzales war einer der Architekten der umstrittenen Gefan-
genenpolitik im »Kampf gegen den Terror«. In einem geheimen
Memorandum war der Jurist der Auffassung, dass Waterboarding
keine Foltermethode sei. Das war, bevor er Justizminister wurde.
Nur noch mal zur Begriffsklärung:
Folter ist das gezielte Zufügen von psychischem oder physischem
Leid. Beim Waterboarding wird dem Opfer mit unterschiedlichen
Praktiken der Eindruck des unmittelbaren Ertrinkens vermittelt.
Kurz: Man denkt, man stirbt. Und Justizminister bedeutet: Man
ist eigentlich für die Einhaltung der Gesetze zuständig, nicht da-
für, sie zu brechen.
Nach übereinstimmenden Medienberichten gab es etwa »100
Todesfälle« durch das erwähnte Folterprogramm im Irakkrieg.
Deklariert wurden sie stets als Unfälle. Nicht als systematische
Folter. 15 US-Soldatinnen und -Soldaten kamen wegen der Ge-
schehnisse in Abu Ghuraib vor Gericht. Einer der angeblichen
Rädelsführer: US-Soldat Charles Graner. Er wurde von einem
Militärgericht zu zehn Jahren Haft verurteilt und nach sechs-
einhalb Jahren wegen guter Führung entlassen. Dass Charles
Garner und die anderen 14 einfachen Soldaten damals auf eigene Veranlassung handelten, darf stark bezweifelt werden. Ein
ranghoher US-Minister wurde für die Gräueltaten jedenfalls
nicht juristisch belangt. Auch nicht Alberto Recuerdo Gonzales.
Ein Zitat, das dem US-Senator Hiram Warren Johnson zugerech-
net wird, lautet: »Das erste Opfer eines jeden Krieges ist die
Wahrheit.« Johnson lebte von 1866 bis 1945. Es liegt also nahe,
dass er im Angesicht von zwei Weltkriegen kein falsches Ge-
ständnis abgelegt hat. Kurz: Er wusste, wovon er sprach.

22. November

Tag der Hausmusik
Mach-einen-Ausflug-Tag
Tag der Cranberrysoße

23. November

Tag der Fibonacci-Folge
Espresso-Tag
Iss-eine-Cranberry-Tag
Tag der Cashewkerne

24. November

Feiere-dein-einmaliges-Talent-Tag
Tag der Sardinen

25. November

Internationaler Tag für die Beseitigung von Gewalt gegen Frauen
Weihnachts-Shopping-Erinnerungs-Tag
Tag der Gleichgültigkeit
Parfait-Tag

26. November

Welttag der Zeitschriften
Tortentag

27. November

Tag des selbst gemachten Trockenfleisches
Streichholz-Tag
Tag des Musicals »Pins and Needles«
Tag der Bayrisch-Creme-Torte

28. November

Arme-Ritter-Tag
Welttag des Mitgefühls

29. November

Internationaler Tag für die Solidarität mit dem palästinensischen Volk
Tag der elektronischen Glückwunschkarte
Wirf-deine-Speisereste-weg-Tag
Pralinen-Tag
Tag der Zitronen-Cremetorte
Squaredance-Tag

30. November

Bleib-zu-Hause-obwohl-es-dir-gut-geht-Tag
Gedenktag für die Opfer chemischer Waffen
Tag der Moussecreme
Tag der Computersicherheit
Tag des Einweckglases

Dezember

1. Dezember

Iss-einen-roten-Apfel-Tag
Welt-Aids-Tag

2. Dezember

Internationaler Tag für die Abschaffung der Sklaverei
Tag des Reibekuchens

3. Dezember

Internationaler Tag der Menschen mit Behinderungen
Dach-über-dem-Kopf-Tag
Bastle-ein-Geschenk-Tag

4. Dezember

Internationaler Gepard-Tag
Keks-Tag
Cabernet-Franc-Tag (Rotweinsorte)
Welt-Artenschutz-Tag
Würfel-Tag
Trage-braune-Schuhe-Tag

5. Dezember

Internationaler Tag der freiwilligen Helfer für die wirtschaftliche
  und soziale Entwicklung
Weltbodentag
Tag der Sachertorte
Tag der Abschaffung der Prohibition

Tag der Badewannen-Party
Internationaler Tag des Ninja-Kämpfers

6. Dezember

Nikolaus-Tag
Zieh-deine-eigenen-Schuhe-an-Tag
Tag der Pfandleiher
Tag der Bergleute
Tag des mit Fäustlingen geschmückten Baums

Mit der Faust in der Tasche

Dass dieser Tag aus einem Kinderbuch (»The Mitten Tree«, Autorin: Candace Christiansen) entstammt, erklärt einiges. Wer außer Kinderbuchautoren käme sonst auf die Idee, einen Weihnachtsbaum mit Fäustlingen zu schmücken?! Ein Ding der Unmöglichkeit. Das ist ja in etwa so, als würde man einem Pianisten befehlen, er solle an Heiligabend »Stille Nacht« mit den Ellbogen spielen.

Kinderbuchautoren! Was haben die uns schon alles eingebrockt! Den hässlichen Grüffelo, den oberschlauen, kleinen Drachen Kokosnuss, die gestreifte Tigerente. Und Voldemorts Lieblingsopfer: Harry Potter! Lauter Fabelwesen, die sicher einen Heidenspaß hätten, wenn sie einen Weihnachtsbaum mit Fäustlingen schmücken müssten. – Aber wir! Wir sind keine Fabelwesen. Wir sind auch keine Zauberer. Wir sind nur ganz normale Eltern. Überfordert. Übermüdet. Wir wollen unsere Ruhe! Wir haben Jobs, verdammt noch mal! Und wir haben sicher nicht den ganzen Tag Zeit, die Fadenschlaufe des Strohengelchens mit Fäustlingen zu entwirren, um anschließend daran zu scheitern, ihn aufzuhängen. Unser Leben ist doch kein Kinderbuch! Sorry, ist doch wahr. Einer muss es ja mal sagen!

7. Dezember

Tag der internationalen Zivilluftfahrt
Tag des brandverletzten Kindes
Zuckerwatte-Tag
Gedenktag für den Angriff auf Pearl Harbor

8. Dezember

Brownie-Tag
Tag des Schweineschmalzes
Gib-vor-ein-Zeitreisender-zu sein-Tag

Klima-Talk mit Godzilla

Ich komme aus der Zukunft. Sie glauben mir nicht? Ich beweise es Ihnen: In den nächsten zehn Jahren wird Bayern München acht Mal Deutscher Meister, im Jahr 2038 ist Greta Thunberg UN-Generalsekretärin, während die USA von einer künstlichen Intelligenz namens Donald XII. aus dem Trump Tower regiert wird. Sie glauben, ich denke mir das aus, hm? Vor Kurzem haben in Japan Wissenschaftler die erste Mensch-Tier-Chimäre erzeugt, ein Mischwesen, das zunächst als Organlieferant dienen soll. 20 Jahre später wird in einem Dorf nahe Fukushima Godzilla geboren, den Greta Thunberg als erste Staatschefin nach Europa zum Klima-Talk einlädt, während die Briten endlich den Brexit feiern. Donald XII. muss während einer Kongressanhörung zugeben, dass er eine Künstliche Dummheit ist, und Wladimir Putin, der Russland dank Kryogenik aus einer großen Gefriertruhe aus regiert, wird dabei gefilmt, wie er oberkörperfrei einen sibirischen Bären niederringt. Zeitreisen werden übrigens im Jahr 2054 erfunden. – Der Erste von Ihnen, der zurückreist, sollte versuchen, all das ungeschehen zu machen. Ich bin gescheitert. Rettet Sie uns! Over und Ende.

9. Dezember

Internationaler Tag des Gedenkens an die Opfer des Verbrechens des Völkermordes und ihrer Würde und der Verhütung dieses Verbrechens
Techno-Musik-Tag
Welttag der Veterinärmedizin
Tag des süßen Gebäcks
Tag der Weihnachtskarte
Internationaler Tag gegen die Korruption

Der Comicladenbesitzer

Ich erzähle Ihnen jetzt mal eine Geschichte. Sie spielt zwar in Griechenland und hätte wahrscheinlich in keinem anderen Land der Welt so ablaufen können, aber bevor hier ein falscher Eindruck entsteht: Korruption ist ein internationales Phänomen und in jedem Land der Welt präsent. Auch in Deutschland. Schöne Grüße von Siemens, der Daimler AG, Rheinmetall, Ferrostaal, MAN oder VW.

Jedenfalls: Diese kurze Geschichte hat fast jeder junge Grieche schon mal gehört, sie ist zur Legende geworden. Es war einmal ein Grieche, der einen Comicladen in Heidelberg führte. Der Comicladen ging pleite, und der Grieche war arbeitslos. Obendrein hatte er einige Tausend Mark Schulden angehäuft. In seiner Verzweiflung rief er seinen Cousin in Athen an und bat ihn um einen Job. Der Cousin war ein ranghoher Funktionär im Bauministerium. Es ist das Jahr 1984. Der EU-Beitritt drei Jahre zuvor spült viel Geld ins Land, Geld, das vor allem in die Infrastruktur investiert werden soll: in neue Straßen, neue Schienen und – im gebirgigen Mittelgriechenland – auch in neue Tunnelbauten.

Was nun folgt, nennt man in Griechenland »Rusfeti«, Gefälligkeit, es ist die kleine Schwester der Korruption. Meist geschieht ein Rusfeti unter Familienangehörigen, guten Freunden (den wirklich guten Freunden) oder wichtigen Geschäftspartnern. Der Cousin im Bauministerium beruhigt seinen Verwandten: Er habe da eine

Stelle für ihn, ein Projekt, das der Cousin leiten könnte. Nichts Dramatisches, er werde verantwortlich sein für einen Tunnelbau nahe der Stadt Kozani. »Tunnelbau?«, fragt der Comicladenbesitzer etwas erstaunt. »Muss man dafür nicht Ingenieurwesen studiert haben?« – »Normalerweise schon«, antwortet der Funktionär. Aber so ein Tunnel sei schnell gegraben, »die Bagger baggern doch alle geradeaus.«

Drei Wochen später ist der Ex-Comicladenbesitzer ohne jede Vorkenntnisse Chef eines Bauprojekts mit mehr als dreißig Mitarbeitern. So weit die Legende.

Nun weiß man aus der jüngeren Geschichte, dass Franzosen und Engländer einen Tunnel unter dem Ärmelkanal gegraben und sich gerade einmal um vier Millimeter verrechnet haben. Eine architektonische Glanzleistung. Der weitaus anspruchslosere Tunnelbau nahe Kozani verläuft weniger glanzvoll. Auch dort baggert man von beiden Seiten los, um sich in der Mitte zu treffen. Doch leider kommt es nie zu einer Zusammenkunft. Die beiden Grabungen – so hat man später ausgerechnet – verpassen sich nicht um Millimeter, auch nicht um Zentimeter: Zwischen den beiden Endpunkten liegen 35 Meter. In Worten: fünfunddreißig.

In jedem anderen Land der Welt wäre das ein Skandal. Die Konsequenzen in Griechenland des Jahres 1984? Der Comicladenbesitzer verschwand spurlos, der Funktionär im Bauministerium wurde abgemahnt. Die Tunnelröhren wurden erst zum Abenteuerspielplatz für Kinder, dann zum Mahnmal gegen Korruption und 2009 zugeschüttet.

10. Dezember

Tag der Menschenrechte
Tag der Verleihung der Nobelpreise
Lagerbier-Tag

11. Dezember

UNICEF–Tag
Internationaler Tag der Berge
Nudelring-Tag (Anrichteweise von Pasta)
Iss-einen-Bagel-Tag

12. Dezember

Internationaler Tag der allgemeinen Gesundheitsversorgung
Tag des Weihnachtssterns (Pflanze)
Lebkuchenhaus-Tag
Internationaler Tag der Neutralität

13. Dezember

Tag der Violine
Tag des heißen Kakaos

14. Dezember

Bouillabaisse-Tag (Fischsuppe)
Tag der gerösteten Maronen
Affen-Tag

15. Dezember

Tag der Bewältigung des Nicht-Bewältigbaren
Internationaler Tee-Tag
Tag des Zitronen-Cupcakes

Erster Montag im Dezember
Walt-Disney-Tag

Erster Freitag im Dezember
Tag der Wertschätzung für Barkeeper
Kunstpelz-Freitag

Erster Sonntag im Dezember
Umarme-einen-Hai-Tag

Zweiter Freitag im Dezember
Fundbüro-Tag

Zweiter Samstag im Dezember
Internationaler Shareware-Tag (Vertriebsform von Software)
Tag der Lebkuchen-Verzierung

Zweiter Sonntag im Dezember
Welttag der brennenden Kerzen (tote Kinder)
Internationaler Tag des Chorgesangs
Internationaler Kinder-Fernsehtag

Dritter Donnerstag im Dezember
Tag des Weiterverschenkens

Dritter Freitag im Dezember
Underdog-Tag (Außenseiter)
Tag des hässlichen Weihnachtspullovers

Wintersonnenwende
Tag der Taschenlampe
Welt-Orgasmus-Tag

12–30 Sekunden für den Weltfrieden kann jeder aufbringen
Wie beschreibt man etwas, das jeder kennt, aber eigentlich unbeschreiblich ist? Wie fühlt sich etwas an, das man schon tau-

send Mal gefühlt hat, aber beim nächsten Mal schon ganz anders sein kann? – Als Autor muss man sich manchmal solchen Fragen stellen. Fragen, auf die man keine exakten Antworten kennt.

Ein Orgasmus ist eine mehr als merkwürdige Sache. Laut der Studie eines bekannten Kondomherstellers gibt fast jeder zweite Deutsche (47 Prozent) an, beim Sex immer zum Orgasmus zu kommen. Respekt! Aber: 61 Prozent davon sind Männer und nur 27 Prozent sind Frauen. Man könnte also ohne große Beckenschmerzen formulieren: Neben dem bekannten »Gender Pay Gap«, der Lücke, die die Diskrepanz zwischen dem durchschnittlichen Gehalt eines Mannes und dem einer Frau beschreibt, existiert offenbar auch ein »Gender Orgasm Gap«. Schon allein diese Tatsache macht einen irgendwie nervös. Eine Frage drängt sich besonders auf: Sind wir Männer vielleicht nicht gut genug im Bett? Betrachtet man die nackte Statistik (und lässt die eigenen Erfahrungen außen vor), tritt beim Mann der Orgasmus angeblich nach zwei bis drei Minuten ein und hält bis zu zwölf Sekunden. Das bedeutet im Umkehrschluss, dass eine Frau, die mit so einem Durchschnittsmann im Bett liegt, circa drei Minuten und zwölf Sekunden Zeit hat, um auch zu einem Orgasmus zu kommen. Puh. Fair ist das nicht.

Andererseits: Wenn Frauen zum Orgasmus kommen, dürfen sie diesen länger genießen. Bis zu einer halben Minute dauert ein weiblicher Orgasmus. Im Schnitt! Davon können Männer (eigene Erfahrungen einberechnet) nur träumen. Und noch etwas ist traumhaft: Eine Frau kann gleich mehrfach hintereinander so einen 30-Sekünder erleben, Männer verfallen schon nach einem läppischen 12-Sekünder in den Schlafmodus.

Die Erfinder dieses Tages wollten, dass man rund um die Wintersonnenwende mindestens ein Mal zum Orgasmus kommt, um anschließend – mit diesem Glücksgefühl im Magen – über den »Frieden auf der Welt« nachzudenken. Wenn Sie mich fragen: Weltfrieden für alle!

16. Dezember

Alles-mit-Schokolade-überzogen-Tag
Tag der Aussöhnung in Südafrika

17. Dezember

Ahornsirup-Tag
Gebrüder-Wright-Tag

18. Dezember

Welttag der arabischen Sprache
Internationaler Tag der Migranten
Tag des Spanferkelbratens
Backe-Plätzchen-Tag

19. Dezember

Tag des Haferflocken-Muffins
Hole-deinen-Christbaum-Tag

Frohes Fest!

Es ist nicht der Moment, wenn's im Supermarkt wieder Lebkuchen zu kaufen gibt. Es ist auch nicht der Moment, wenn am selben Ort die Schoko-Weihnachtsmänner grinsend in den Regalen stehen. Es ist schon gar nicht der Moment, wenn Freunde und Kollegen dich fragen, ob du schon alle Geschenke beisammenhast. – Der Moment, der für mich das Weihnachtsfest einläutet, ist der Tag, an dem ich die Rücksitze des Autos umklappe und kurz davor bin, den Christbaum fürs Wohnzimmer auszusuchen. Es ist kalt, mich friert es, vielleicht liegt Schnee. Es ist nicht einmal 18 Uhr 30, aber der Himmel ist so dunkel, als säße die Welt in einer Höhle. Prüfend geht der Blick von einem Baum zum anderen. Wer zeigt in seiner Silhouette die schönste Pyramide? Welcher ist noch frisch und voll im Saft? Flutlicht lässt die Tannen spitze Schatten werfen. Wie wird sich der Geburtsstern Jesu auf diesem da machen? Dieser Moment, kurz vor der Entscheidung, das ist für mich Weihnachten, in meinem Kopf spielt schon jemand »Stille Nacht«.

20. Dezember

Internationaler Tag der menschlichen Solidarität
Singe-Weihnachtslieder-Tag
Sangria-Tag
Tag der Brettspiele

21. Dezember

Mach-dein-Bett-nicht-Tag
Humbug-Tag
Tag des Kreuzworträtsels
Internationaler Gedenktag der Daleks (fiktive Rasse aus der TV-Serie »Doctor Who«)
Tag der gewonnenen Phileas-Fogg-Wette
Tag der kleinen Mädchen (Körpergröße)
Tag der Kurzgeschichte
Schau-auf-die-Sonnenseite-des-Lebens-Tag

22. Dezember

Dattel-Walnuss-Brot-Tag
Tag der Ahnen

23. Dezember

Festivus (parodierender Gegenentwurf zur klassischen Weihnachtsfeier)
Tag der Abstammung

24. Dezember

Eggnog-Tag (Longdrink)

25. Dezember

Tag des Kürbiskuchens

26. Dezember

Dankesschreiben-Tag
Gebetstag für verfolgte und bedrängte Christen
Tag der Zuckerstange

27. Dezember

Bastel-Papierschneeflocken-Tag
Früchtebrot-Tag
Besuche-den-Zoo-Tag

28. Dezember

Tag des Kartenspielens

29. Dezember

Tag des Uhrtickens
Pepper-Pot-Tag (Eintopfgericht)

30. Dezember

Speck-Tag
Backsoda-Tag (Natriumhydrogencarbonat)

31. Dezember

Keine-Unterbrechungen-Tag
Entscheide-dich-endlich-Tag
Tag des Champagners (USA)

Noch mal kurz die Sau rauslassen!
Mit Champagner! Mit was will man das neue Jahr denn sonst
anstoßen? Schampus. Knallende Korken. Feuerwerk. Yeah! Gut,
Sekt tut es auch. Und ich erinnere mich dunkel an Silvesteraben-
de in Studenten-WGs, die nur (leere) Bierkästen hinterließen und
Weinflaschen, die billigen Fusel im Bauch hatten. Aber hey, das
war damals. Heute geht's in die Feinkostabteilung, und dann wird
der ganz edle Tropfen aus Frankreich aus dem Regal gezogen.
Schließlich ist Jahresende und Jahresanfang. Und das bedeutet
ja meist, dass die schöne Weihnachtszeit vorbei und die hässliche
Januarzeit vor der Tür steht. Kein Wunder, dass man es sich da
noch mal gut gehen lassen will. Also: Nur nicht drüber nachdenken! Greifen Sie zum Dom Pérignon und schütteln Sie ihn volle
Pulle! Auf ein schönes neues Jahr!

Die bunten Muster

Vielleicht fragen Sie sich die ganze Zeit, was es mit diesen bunten Mustern an den Blatträndern auf sich hat? Dahinter steckt natürlich ein ausgeklügeltes System, das jedem Welttag ein eigenes Design zuordnet. Eine kurze Erläuterung:

Wir haben alle Welttage in Kategorien eingeteilt: Lebewesen, Gegenstände, Ereignisse und Abstrakta. Jeder dieser Kategorien haben wir außerdem eine geometrische Grundform zugeteilt: Kreis, Dreieck, Rechteck, Quadrat. Sie symbolisieren das Genre eines Welttags. Um darüber hinaus sofort erkennen zu können, ob es sich um einen fröhlichen, traurigen, bedeutenden oder kuriosen, politischen oder unpolitischen Welttag handelt, haben wir den Kategorien auch spezifische Farben verpasst. Gelb oder Violett, Grün oder Rot, Blau oder Rosa. Am Ende ergeben Form und Farben also ein Muster, das die bunte Vielfalt der Welttage von Tag zu Tag widerspiegelt: das Mosaik des Lebens!

Julia Otterbach und Alexandros Stefanidis

Beispiel: Welttag der verlorenen Socke

Form

Lebewesen   Gegenstand   Ereignis   Abstraktum

✳

Farbe

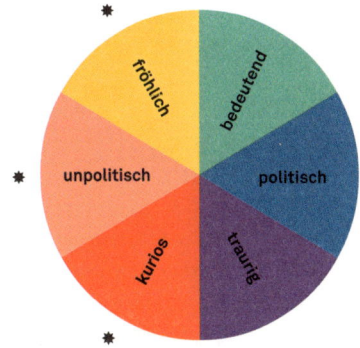

Muster

1. Auflage 2019
Copyright © 2019 Benevento Verlag bei Benevento Publishing
Salzburg – München, eine Marke der Red Bull Media House GmbH,
Wals bei Salzburg

Medieninhaber, Verleger und Herausgeber:
Red Bull Media House GmbH
Oberst-Lepperdinger-Straße 11–15
5071 Wals bei Salzburg, Österreich

Satz, Layout und Umschlaggestaltung: Julia Otterbach
Druckvorstufe: Munira Abdulrahman
Redaktionelle Mitarbeit: Ricardo F. C. Vizcaino

Printed in Europe

ISBN: 978-3-7109-0090-7